I0136787

PRÉFECTURE D'ALGER
DÉPÔT LÉGAL

CHERCHEL

ET LA

COMMUNE MIXTE DE GOURAYA

PAR

FERNAND DOR

ADMINISTRATEUR-ADJOINT

BLIDA

IMPRIMERIE ADMINISTRATIVE A. MAUGUIN

Place d'Armes

—

1895

CHERCHEL

ET LA

OMMUNE MIXTE DE GOURAYA

PAR

Fernand POR

ADMINISTRATEUR-ADJOINT

BLIDA

IMPRIMERIE ADMINISTRATIVE A. MAUGUIN
Place d'Armes
—
1895

A la mémoire de mon Père.

F. D.

INTRODUCTION

Vers la fin de l'année 1888, M. E. Faure, administrateur-adjoint de la commune mixte de Ben-Chicao, adressait à M. le Gouverneur général de l'Algérie sous le titre « Notes et renseignements sur la commune mixte de Ben-Chicao » un travail d'ensemble très complet sur cette circonscription.

M. le Gouverneur général, en exprimant le désir de voir les administrateurs et leurs adjoints s'occuper d'études de cette nature, ajoutait « qu'elles
» auraient surtout l'avantage de faire profiter de
» leur expérience et de leurs connaissances acquises,
» leurs successeurs qui, en prenant possession du
» service, trouveraient, condensés dans des notes
» substantielles, tous les renseignements susceptibles
» de leur permettre de continuer, dans les meilleures
» conditions, leur œuvre administrative. »

C'est en m'inspirant de cette idée que j'ai cru devoir suivre l'exemple donné par M. E. Faure, en 1888, et que j'offre à MM. les Administrateurs et à mes collègues qui, par la suite, pourront être appelés à concourir à l'œuvre administrative de la commune mixte de Gouraya, une étude que je me suis efforcé de rendre intéressante.

En ce qui concerne certaines questions, c'est en compulsant attentivement les archives de la commune que j'ai pu les traiter et c'est là que j'ai trouvé les renseignements que je fournis et qui sont de la plus rigoureuse exactitude.

Pour d'autres, j'ai puisé mes renseignements auprès des pionniers de la colonisation qui sont venus s'installer les premiers dans la commune.

Enfin, pour ce qui touche les questions indigènes, je me suis adressé à des chefs dont la parole autorisée et la sincérité ne peuvent être mises en doute.

J'ai pensé qu'il serait également intéressant de commencer ce travail par une étude sur Cherchel, résidence de l'administration de la commune mixte de Gouraya.

Peu de villes d'Algérie méritent, mieux que Cherchel, d'attirer l'attention des archéologues et des touristes, et les renseignements que j'ai donnés sur cette charmante ville sont de la plus grande exactitude, ayant été puisés à des sources officielles ou recueillis sur place.

J'ai emprunté aux auteurs qui ont écrit sur Cherchel et la région plusieurs passages du plus haut intérêt sur les fouilles et les découvertes qui ont été faites, et j'ai joint à ce travail d'ensemble, des cartes et des plans pour aider à l'intelligence du sujet

Qu'il me soit permis d'adresser ici mes sincères remerciements à MM. le Commandant d'armes de Cherchel, de la Seiglière, Juge de Paix, Lasaulce, Garde général des forêts, à tous ceux enfin qui m'ont prêté leur bienveillant et précieux concours et qui m'ont ainsi permis d'achever un travail que je n'aurais pu, avec mes seules forces, mener à bonne fin.

Puisse ce modeste travail trouver auprès de MM. les Administrateurs et de mes chers collègues, comme auprès de tous ceux qui aiment notre belle Algérie et qui veulent la mieux connaître, un accueil favorable et bienveillant.

Cherchel, le 31 octobre 1895.

FERNAND DOR,
Administrateur-Adjoint.

CHAPITRE PREMIER.

CHERCHEL

I. — Notice Historique.

Après la chute de Carthage qui fut rasée (145 av. J.-C.), le premier des Souverains que l'histoire mentionne comme ayant régné sur la partie réputée alors comme la plus occidentale de l'Afrique fut Bocchus, dont Jugurtha, roi de Numidie implora l'appui (109 av. J.-C.), afin de résister aux consuls Metellus et Marius, chargés successivement par le Sénat Romain, de réprimer la révolte.

Jugurtha, trahi et livré par Bocchus, mourut dans un cachot; il est impossible de dire, avec quelque certitude quelle fut la capitale de Bocchus.

Ce dernier mourut l'an 33 av. J.-C. (721 de Rome), laissant ses États au peuple Romain qui les érigea en provinces.

Les Romains étaient alors établis depuis plus d'un siècle en Afrique; après la mort de Bocchus, ils créèrent sur le littoral de petites colonies qui devinrent des centres assez importants pour prendre part aux guerres civiles auxquelles se laissèrent entraîner les rois indigènes, eux-mêmes.

Parmi ces derniers, Juba Ier, Roi de la Maurétanie, proprement dite, prit le parti des républicains d'Afrique qui, sous les ordres de Scipion, tenaient encore tête à César. Celui-ci anéantit à la bataille de Thapsus les forces réunies de Scipion et de Juba.

Après la défaite, Petreius, lieutenant de Pompée et Juba, s'entretuaient dans un grand festin, en même temps que Scipion et Caton, deux des plus illustres représentants du parti républicain se donnaient la mort, l'un à Hippone, l'autre à Utique et marquaient ainsi la fin de la lutte.

Juba Ier, comme l'a fait remarquer M. Berbrugger dans la *Revue Africaine*, avait commis la faute de s'attacher au parti qui devait succomber.

Les médailles qui nous restent à l'effigie de ce prince allié des Romains et qui portent l'inscription latine « *Rex Juba* » nous le représentent comme un type d'apparence hybride, moitié romain et moitié indigène, comme une sorte de gouverneur couronné sous le patronage du peuple-roi.

Il eut pour successeur (25 ans av. J.-C., 729 de Rome) Juba II qui, élevé à Rome, où il était devenu l'ami d'Auguste apporta dans son royaume les idées et les mœurs romaines dont il était engoué.

Il établit sa capitale sur un des plus beaux points du littoral maurétanien, sur l'emplacement de l'ancienne Iol qui avait été successivement une colonie phénicienne et un comptoir carthaginois. Il y fit bâtir une ville nouvelle qu'il appela Cœsarea (Cherchel) en commémoration des bienfaits dont l'avait comblé l'empereur Auguste. Il s'attacha à embellir sa capitale qui devint plus tard l'une des plus florissantes villes de l'Afrique et même de l'empire romain.

Il épousa Cléopâtre Séléné, fille de la fameuse Cléopâtre d'Égypte. Cette princesse introduisit dans la Maurétanie les arts et les coutumes égyptiens ainsi que l'attestent un certain nombre d'inscriptions et de médailles où elle est représentée sous des costumes variés et avec des attributs qui rappellent son origine. Elle fit même porter un nom égyptien au fils qu'elle donna à Juba II et qui régna après lui; il s'appela Ptolémée.

Le meurtre de Ptolémée, assassiné à Rome, par ordre de l'empereur Caligula, amena le soulèvement de toute la Maurétanie et d'un grand nombre de peuplades de l'intérieur.

Après la mort de Ptolémée, l'empereur Claude réduisit la Maurétanie en province romaine et dota du titre de colonie la ville de Cœsarea qui fut le siège du gouvernement provincial comme elle avait été la capitale des rois.

La population romaine s'était déjà considérablement accrue en Afrique. Elle envahit rapidement la nouvelle province, se fixant de préférence dans les villes ou créant de nouveaux centres à proximité des anciens.

L'histoire de la Maurétanie, à partir de cette époque, est celle du reste de l'Afrique romaine. La race latine se propage, la civilisation gagne tout le littoral où prospèrent bientôt des colonies nombreuses parties de l'Italie, de la Gaule et de l'Espagne.

Parmi elles, figurent en Maurétanie, non loin de Cœsarea : Icosium (Alger), Aquæ Callidæ (Hammam R'Igha), Tfassedt (Tipaza), Cunugus (Sidi Braham El Khouas), Cartennæ (Ténès), etc.

Dans la Maurétanie, comme dans le reste de l'Afrique, des troubles permanents trahissent la décadence romaine, Cœsarea est alors saccagée et livrée aux flammes par les Maurétaniens; c'est le christianisme déjà répandu qu'accompagnent les persécutions, l'hérésie et le martyre.

Le Libyen Arius forme une puissante secte, l'Arianisme, que ne suffisent plus à étouffer le génie et la foi de Cyprien, de Tertullien, de Lactance et d'Augustin qui prêchent à Carthage, à Hippone et à Cœsarea.

Constantin réduit, un moment, l'hérésie par les armes (316-337). Le bras de Théodose, vers la fin du quatrième siècle, semble suspendre le démembrement de l'empire ; il calme l'agitation des provinces et relève des ruines. Par ses soins, la capitale de la Maurétanie cæsarienne est déblayée et rebâtie, elle recouvre ainsi une partie de sa splendeur.

Après sa mort (395) suivie du partage de l'empire et de la révolte de Gildon (395) les événements et les cataclysmes se succèdent avec une rapidité prodigieuse ; les barbares passent le Rhin dès 406 et inondent l'Europe occidentale.

Sous un misérable prétexte, le comte Boniface appelle en Afrique Genséric et les Vandales (429).

L'aspect de cette riche proie hâta leur arrivée. Au nombre de 80,000 hommes, femmes et enfants, ils prirent possession des trois Maurétanies, Tingitane, Sitifienne et Cæsarienne.

Cæsarea, ruinée par les Vandales qui renversèrent ou mutilèrent tout ce que la civilisation y avait entassé de monuments et de richesses artistiques, disparaît de la scène durant cette phase barbare où, maître de l'Afrique romaine et de la Méditerranée, saccageant Rome (455) et rançonnant les deux empires, Genséric sait, avant de mourir (477) se faire reconnaître légitime possesseur de ses conquêtes qu'il lègue à ses successeurs.

Ce vaste empire avait duré environ un siècle, lorsque Bélisaire, vainqueur à Tricameron, s'en empara au nom de Justinien, empereur d'Orient. Bélisaire envoya des troupes à Cæsarée qui se soumit sans résistance.

La domination byzantine ne rendit pas à la capitale de la Maurétanie le rang dont elle était depuis longtemps déchue. Elle ne fit que lui imprimer ce cachet græco-latin dont on retrouve encore aujourd'hui les traces dans ses ruines.

Au milieu du sixième siècle, entourée de populations

toujours en révolte contre une occupation chancelante, Cæsarea disparaît entièrement et on n'entend plus parler d'elle, à tel point qu'on perdit son souvenir et que, plus tard, les historiens et les archéologues ne pouvaient s'accorder sur l'emplacement qu'avait occupé cette ancienne capitale. Seul, le docteur Shaw l'avait indiquée comme étant à Cherchel et cette opinion avait trouvé beaucoup de contradicteurs.

Ce n'est qu'à la suite de l'occupation française que la découverte de nombreuses inscriptions vint confirmer, d'une manière incontestable, l'assertion du savant anglais.

La période arabe fut certainement pour Cæsarea, comme pour le reste de l'Afrique, l'âge de fer et des ténèbres.

On sait que la vieille cité ne fut pas détruite par les Arabes et qu'elle resta encore habitée durant cinq siècles, c'est-à-dire jusqu'en 1300 environ ; qu'à cette époque, à la suite des guerres incessantes que se firent les différents chefs qui se disputaient le pays, elle fut complètement abandonnée et qu'elle resta déserte jusqu'à la prise de Grenade par les chrétiens en 1492.

Dix ans plus tard, en 1502, Cherchel fut surprise, pendant la nuit, par des corsaires de Mayorque qui l'incendièrent et enlevèrent plus de 300 personnes.

Quatorze ans après (1516), les habitants, dont le nombre s'accroissait chaque jour de bandes maures venant d'Espagne, choisirent pour chef un Turc, Cara Hassan, ancien compagnon d'Aroudj (Barberousse) renommé comme marin d'une grande bravoure.

Mais Aroudj, qui venait d'occuper Alger, craignant qu'Hassan devint un obstacle aux projets qu'il méditait, fit couper la tête à Hassan qu'il avait appelé à une entrevue et se retira, laissant une petite garnison dans la ville.

En 1531, l'amiral André Doria surprit et brûla une escadre algérienne mouillée dans le port de Cherchel.

Mais les équipages qui s'étaient réfugiés dans le fort construit en 1519 sur le bord de la mer, derrière le port actuel, et les habitants de la ville, profitant du désordre des Espagnols qui s'étaient débandés pour se livrer au pillage, firent une sortie vigoureuse et tuèrent ou prirent un millier d'hommes à Doria qui fut forcé de rentrer dans ses galères et de retourner en Espagne.

Pendant le dix-septième siècle, cette ville fut encore l'objet de plusieurs attaques peu importantes provoquées par la piraterie dont la côte d'Afrique était le repaire. La dernière qui eut lieu en 1682 était dirigée par Duquesne qui, venant attaquer Alger, commença ses opérations en brûlant un vaisseau algérien sous Cherchel, et en y jetant quelques bombes.

Nous n'avons que quelques renseignements très succincts sur le pays durant la période turque ; nous savons, cependant, qu'un caïd turc résidait à Cherchel, et qu'il commandait les Beni-Menasser du Sahel, les Chenoua et tout le littoral jusqu'à l'Oued Damous.

Les Turcs n'ont, d'ailleurs, jamais assez fortement occupé Cherchel pour pouvoir pénétrer dans les tribus qui étaient en proie à des collisions permanentes.

Les Chenoua guerroyaient sans cesse avec les Beni Menasser. Ceux-ci attaquèrent Cherchel vers 1815, ceux-là vers 1825.

Les Larhat, les Beni Zioui (Damous), les Beni bou Mileuk étaient en guerre continuelle avec les Beni Hidja et les Beni Haoua de la rive gauche de l'Oued Damous.

Les Tachela et les Zouggara étaient en lutte avec les Braz et les Beni Rached.

Depuis la fin du dix-septième siècle, Cherchel ne fut le théâtre d'aucun événement marquant jusqu'à l'arrivée des Français qui en prirent possession le 15 mars 1840 à huit heures du matin, sous le commandement du maréchal comte Valée.

« Les Beni Menasser étaient restés indépendants ;
» mais, en 1842, à l'instigation d'Ab-el-Kader auquel
» s'étaient ralliés les Berkanis, ils attaquèrent Cherchel
» et Millana. Une colonne commandée par le général
» Changarnier franchit les crêtes du Zakkar et soumit
» le pays. Un aghalik des Beni Menasser fut créé et
» confié à Kaddour ben Abdallah el Berkani, dont le
» parent, Mohamed ben Aïssa el Berkani était un des
» lieutenants les plus actifs d'Ab-el-Kader: Avec un tel
» agha, on devait s'attendre à une révolte ; elle éclata
» en 1843; la répression fut rendue pénible par des
» tourmentes de neige et de pluie. Kaddour fut destitué
» et l'aghalik scindé en deux parties : l'une relevant de
» Cherchel, l'autre de Milianah. Par mesure de précau-
» tion, tous les membres de la famille des Berkanis
» furent expulsés; après la pacification complète du
» pays, cinquante-huit d'entre eux obtinrent de rentrer
» (1847). A peine troublée en 1854 par l'apparition chez
» les Beni bou Salah d'un faux mahdi bientôt arrêté, la
» tranquillité dura jusqu'en juillet 1871. Alors l'insur-
» rection vaincue en Kabylie se ralluma à l'Ouest d'Al-
» ger. Les chefs étaient encore des Berkanis : Si Malek,
» tué dans une escarmouche et l'ancien agha Kaddour
» ben Embarek; Cherchel et les villages voisins furent
» bloqués, Hammam R'Ira incendié, Miliana menacé.
» Une colonne, partie de cette dernière ville opéra par
» les crêtes du Zakkar de concert avec une autre partie
» de Cherchel et le 31 août l'expédition était terminée,
» les rebelles châtiés et le pays pacifié. » — (R. Basset.
— Extrait du *Journal Asiatique*, 1885).

———— ✕ ————

II. — Notice archéologique.

Cæsarea s'élevait sur le bord de la mer au nord-
ouest d'un vaste cercle de montagnes qui l'enveloppait

de toutes parts. Elle était entourée d'épaisses murailles munies de tours qui, partant du bord de la mer, à hauteur du cap Zizerin se dirigeaient vers l'est en gravissant les pentes du piton de Bab-el-Rouss et celles des coteaux supérieurs ; arrivées à ce point où se trouve le fort Valée elles tournaient carrément vers le sud en suivant les escarpements du plateau jusqu'au fort des Beni Menasser, où tournant encore à droite et reprenant les crêtes, elles descendaient droit à l'ouest jusqu'à une petite plaine qu'elles traversaient, puis, allaient, en longeant un ravin, toucher au rivage, à l'endroit où se trouve aujourd'hui le cimetière européen.

Cette vaste ligne de murailles laissait entre elle et la ville un espace immense qui renfermait des vallées et des coteaux escarpés et dans lequel s'élevaient les plus importants monuments de la cité : l'hippodrome, les thermes occidentaux et orientaux, le stade et le cirque.

M. Schaw, dans ses « Voyages dans plusieurs provinces de la Barbarie et du Levant » nous dit en parlant de Cherchel : « A cinq milles de Toffert (Oued Messelmoun)
» et à neuf de Bresk (qui se trouvait à deux lieues de
» Damous), est la ville de Sher Shell fameuse pour son
» acier et sa vaisselle de terre dont les kabyles et les
» arabes du voisinage font grand usage. Les maisons
» ici, sont couvertes de tuiles et la ville a un mille de
» circuit. Elle était autrefois (*Sersel maximum atque*
» *amplissimum est oppidum, a Romanis ad mare Medi-*
» *terraneum ædificatum, continet in circuitu milliaria*
» *plus minus octo. —* J. Léon, page 58.) beaucoup plus
» grande et servait de capitale à un des petits rois du
» païs. Ce qui en reste est situé au bas des ruines d'une
» grande ville qui est presque aussi étendue que Car-
» thage; et on doit se former une grande idée de son
» ancienne magnificence par les belles colonnes, les
» grandes citernes et les superbes pavés en mosaïque
» qui s'y voyent encore. »

Le port antique occupait le même emplacement que le port actuel. Il était divisé en deux parties, un port extérieur et un port intérieur qui communiquait avec le premier par un goulet fort étroit qu'on a retrouvé en 1847 lors des travaux du port moderne. D'après le docteur Schaw, le port était entouré de vastes magasins et de superbes portiques. Le port extérieur était formé par deux jetées; l'une, celle de l'est, partait du rivage en face des bureaux de la commune mixte actuelle, se dirigeait au nord nord-ouest et allait s'appuyer à un massif rocheux qui existe encore en partie; l'autre, beaucoup moins longue, partait de l'îlot et courait à l'est vers un autre massif qui a servi de base à la jetée nouvelle.

L'îlot qui abritait et formait les deux ports était aussi garni de fortifications dont on a retrouvé les vestiges en construisant la batterie et le phare actuels qui en couvrent entièrement la surface.

« Il y a une vieille tradition qui dit que toute la ville
» a été détruite par un tremblement de terre et que son
» port qui était anciennement fort grand et fort com-
» mode fut réduit au misérable état où il est à présent
» parce que le tremblement y jeta l'arsenal et d'autres
» bâtiments du voisinage. Le *Cothon* qui avait commu-
» nication avec le côté occidental du port est la meil-
» leure preuve de cette tradition. Car, quand la mer est
» calme et basse, ce qui arrive souvent après des vents
» du Sud ou d'Est, on trouve dans le fond tant de colon-
» nes et de morceaux de murailles qu'on ne saurait com-
» prendre comment ils peuvent être là sans supposer un
» tremblement de terre.

» On ne pouvait rien imaginer de plus commode et de
» plus sûr pour les vaisseaux que ce que le Cothon doit
» avoir été dans la situation primitive. Car, outre la
» grandeur qui était de cinquante verges en carré, où
» l'on était à couvert du vent et du courant, on ne sau-
» rait assez admirer l'art du fondateur pour le fournir

» d'eau. Pour cet effet, on trouve sur une petite éléva-
» tion ronde qui forme la séparation septentrionale du
» port et du Cothon, diverses terrasses et pavés de mo-
» saïque faits exprès pour recevoir l'eau de pluie qui
» devait tomber de là dans des petits conduits et de
» ceux-ci dans de plus grands qui devaient tous se vider
» dans une grande citerne ovale. Je n'ai vu que le fond
» de ce réservoir et ne saurais juger de ce qu'il pouvait
» tenir, mais suivant la quantité de pluie qui tombe com-
» munément dans ce pays-ci, on pouvait y ramasser plu-
» sieurs milliers de tonnes d'eau. Ce terrain, dont la figure
» est à demi circulaire a environ un quart de mille de cir-
» conférence et on y a bâti un petit fort dans le lieu le plus
» élevé. Le port a presque la figure d'un cercle ; son dia-
» mètre est de deux cents verges. La partie où l'on était le
» plus en sûreté, était, autrefois, du côté du Cothon, mais
» il est, à présent, rempli d'un banc de sable qui augmente
» tous les jours. A l'entrée du port est une petite île
» pleine de rochers qui sert d'abri contre les vents du
» Nord et du Nord-Est. Cette île, avec la grande enceinte
» et les restes superbes de l'ancienne ville, sont des
» preuves nouvelles pour montrer que Sher-Shell est
» l'Iol, ou la Julia Cæsarea. » (Voyages de M. Schaw.)

Cæsarea était traversée par la grande voie qui,
partant de Carthage, allait à Ceuta, vers le détroit de
Gibraltar. On retrouve encore les traces de cette voie
entre Cherchel et Tipaza où plusieurs bornes milliaires
ont été découvertes par M. Berbrugger sur leur emplacement primitif. En outre, plusieurs autres routes,
venant de l'intérieur, se dirigeaient sur la ville où elles
pénétraient par quatre portes dont on reconnaît encore
parfaitement l'emplacement.

La première de ces portes était située à l'Est, entre la
mer et le pied du piton de Bab-el-Rouss. Les restes en
ont presque entièrement disparu, et il n'y en a plus que
de très faibles traces. La seconde, dont les restes encore

bien indiqués, ont été retrouvés par M. Schminski, en faisant des fouilles, était placée à l'ouest des murailles, à hauteur du cimetière européen, à vingt mètres environ du ravin, du côté de la ville. Les deux autres portes se trouvaient du côté sud, l'une près du Fort des Figuiers, l'autre près du Fort des Beni Menasser.

Nous empruntons encore à M. Schaw le passage suivant relatif aux portes de Cherchel : « Une des portes » principales du côté des terres mène aux montagnes » escarpées des Beni Menasser (actuellement la porte de » Miliana). Des deux autres qui sont du côté de la mer, » celle qui est à l'Ouest est couverte des montagnes des » Beni Tifrah (la porte de Ténès), et celle qui est à l'Est » s'ouvre du côté montagneux de Shenooah (la porte » d'Alger). »

Au-delà de la ville, en dehors de l'enceinte, les chaussées, suivant l'usage antique étaient bordées par de nombreux tombeaux. A l'Est, cette ligne de tombes s'étendait jusqu'à l'Oued M'Sara. C'est de ce côté qu'en 1850 on a trouvé un hypogée intact qui renfermait un buste de femme parfaitement conservé, et six augets en marbre blanc contenant les restes d'un affranchi du roi Juba et ceux de sa famille ; chaque auget avait son inscription. Plus loin, vis-à-vis la Redoute Gauthrin, en déblayant un monceau de décombres, on a trouvé les restes d'un vaste tombeau renfermant un sarcophage en marbre blanc sur les parois duquel sont sculptées des scènes tirées de la Bible. Ce sarcophage fut vendu en 1864 par le Domaine.

A l'Ouest les tombeaux étaient plus nombreux; au sud de la ville, on rencontre encore les débris de nombreux monuments tumulaires.

La chaussée qui passait près du fort des Beni Menasser était aussi garnie de chaque côté de nombreux tombeaux dont il ne reste plus que les caveaux.

En outre, dans plusieurs endroits, notamment à l'Est, sur le bord de la route et à l'Ouest, près d'El Kantara, il existait des rangées de grands sarcophages en pierre qui n'étaient renfermés dans aucun monument mais étaient seulement placés dans la terre à peu de profondeur. Les couvercles de ces sarcophages étaient fixés par des crampons en fer scellés avec du plomb. Beaucoup de ces sarcophages étaient intacts et renfermaient encore les restes de ceux qui y avaient été ensevelis ; dans plusieurs on a trouvé des vases en terre grossière et des vestiges paraissant provenir de linceuls. Dans quelques-uns les ossements existaient encore.

De tous les monuments dont les ruines subsistent encore aujourd'hui aux environs de Cherchel, les aqueducs sont ceux qui par leur importance, attestent le mieux la grandeur de l'antique Cœsarea.

Ces aqueducs étaient nombreux. Les uns recueillaient les eaux de toutes les sources des environs de la ville, les autres, nommés encore les grands aqueducs, allaient au loin, à plus de vingt-cinq kilomètres, les chercher jusque dans les vallées du versant sud du Djebel Mohammed ou Ali, où de grands réservoirs construits en pierre de taille indiquent encore les prises d'eau principales.

« L'eau de la rivière Haschem (oued El Hachem) était » conduite dans cette ville (Cherchel) par un grand et » somptueux aqueduc qui n'était guère inférieur à celui » de Carthage pour la hauteur et la force de ses arches ; » plusieurs de ses fragments répandus par-ci par-là dans » les montagnes et les vallées du voisinage, du côté du » Sud-Est, sont des preuves incontestables de la grandeur et de la beauté de cet ouvrage. Il y a, en outre » cela, deux conduits qui viennent des montagnes qui » sont au Sud Sud-Ouest, lesquels subsistent encore en » leur entier, et fournissent la ville de Sher-Shell d'excellente eau ; celle des puits est un peu salée. — Voyages de M. Schuw. »

A l'est de Cherchel, sur la route d'Alger se voient encore les vestiges de l'ancien cirque ou amphithéâtre. Ce monument, de forme elliptique est parfaitement indiqué de nos jours par des voûtes et les massifs de maçonnerie qui supportaient les galeries, dont les gradins ont été presque entièrement enlevés, sauf à la partie est qui est la mieux conservée.

Sa longueur de l'est à l'ouest est de cent mètres environ, sur quarante-cinq de largeur.

Des fouilles exécutées en 1842, ont permis de constater que le sol actuel se trouve à deux mètres au-dessus de l'arène antique. Les entrées étaient pratiquées aux deux extrémités et l'on reconnaît encore les restes des voies larges et bien dallées qui y donnaient accès.

C'est dans cet amphithéâtre que, durant les persécutions de Dioclétien et de Maximien, périrent, livrés au supplice Marcian en 284, Arcadius en 303, Severianus et sa femme Aquila en 304, le porte-étendard Fabianus en 316, etc.

En sortant de la ville par la porte de Miliana, à environ 300 mètres sur la droite, on trouve les restes d'un vaste hippodrome. Ce monument, dont l'enceinte se voit encore parfaitement, était appuyé, du côté sud, aux pentes du piton dit des Amandiers, au nord, les terres étaient soutenues par des voûtes et des ouvrages en maçonnerie dont les restes sont couverts de broussailles; à l'est, du côté de la ville, il y a des fragments de constructions circulaires qui ont encore deux ou trois mètres d'élévation, c'est là que se trouvait l'entrée.

A l'extrémité ouest, il reste aussi des vestiges où l'on reconnaît la forme des galeries, mais peu prononcée. Sur ce point l'hippodrome touchait presque à l'enceinte extérieure.

Lors de l'arrivée des Français à Cherchel, en 1840, il existait dans la ville un théâtre parfaitement conservé, sauf la scène.

Ce théâtre était situé vis-à-vis la partie ouest de la caserne actuelle et il est encore parfaitement indiqué par un grand vide demi-circulaire qu'on aperçoit sur la pente de la montagne, entre les extrémités des rues de Miliana et du Théâtre.

Ce monument, le plus intact de ceux qu'on ait trouvés à Cherchel, a été détruit en 1842, pour être employé à consolider le pignon ouest de la caserne, dont les fondations n'étaient pas assez profondes.

Sur plusieurs points de la ville on a retrouvé les emplacements occupés jadis par des établissements de bains ou thermes, qui, à en juger par leurs ruines, doivent avoir été d'une grande importance.

Le plus considérable, nommé vulgairement, mais improprement le Palais de Juba, était situé à la partie ouest de la ville, entre la porte de Ténès et le port, à l'endroit où une énorme masse de débris et de vieilles constructions couvre une vaste surface de terrain. C'est là qu'en 1842, en déblayant une partie de ces ruines pour y établir la manutention, on trouva les restes d'un superbe portique auquel conduisait un escalier de plusieurs degrés. Des colonnes vertes avec leurs chapiteaux en marbre blanc furent retirés des décombres ainsi que cinq statues d'hommes ou de femmes qui, malheureusement étaient toutes décapitées. (*Revue africaine*, 1870).

« Les ruines romaines de cette ville (Cherchel), qui
» frappèrent d'admiration les Arabes, donnèrent nais-
» sance de bonne heure à toutes sortes de fables. Au
» troisième siècle de notre ère, Qazouini racontait la
» suivante qui avait cours dans le pays : « Les ruines
» qu'on voit à Cherchel sont celles d'un palais construit
» par un roi pour son fils à qui les astrologues avaient
» prédit qu'il mourrait de la piqûre d'un scorpion. Le
» prince fit bâtir le palais en pierre pour que ces ani-
» maux ne pussent s'y reproduire, ni s'y introduire, à
» cause du poli des colonnes (qui soutenaient l'édifice).

» Mais un jour on y apporta un panier de raisin dans
» lequel se trouvait un scorpion. Le jeune prince en
» voulant prendre un fruit, fut piqué et mourut. » —
» Faut-il voir ici un souvenir de l'aspic de Cléopâtre
» dont la fille, Cléopâtre Séléné épousa le roi Juba II ? »
— (R. Basset, *Notes de lexicographie berbère*, 1885,
page 93).

Plus tard, en 1858, des fouilles pratiquées au même
lieu, mais en arrière de la manutention firent découvrir
une piscine revêtue en marbre gris dont les voûtes
effondrées, décorées de mosaïques attestaient une grande
magnificence. On y trouva aussi, renversées de leurs
piédestaux, mais à peu près intactes, plusieurs statues
d'une belle exécution : un Neptune, une Vénus, des
faunes, deux hermaphrodites, etc., etc.

Nous ne pouvons omettre de mentionner les remarquables mosaïques que M. V. Waille, professeur à la
Faculté des lettres d'Alger a fait déblayer en 1886 et qui
existent encore. Nous empruntons à cet archéologue
distingué le passage suivant d'une de ses très intéres-
santes notes sur les fouilles de Cherchel.

« L'une de ces mosaïques, déjà signalées mais qui de-
» puis plusieurs années était recouverte de terre décore
» le parquet d'une salle de bains dans le voisinage d'un
» antique réservoir, aujourd'hui transformé en cellier
» (propriété de M. Nicolas). Elle nous montre les Trois
» Grâces, se tenant par la main (hauteur 1m83). L'une
» est vue de face, l'autre de profil, la troisième de trois
» quarts. Les formes sont rondes et potelées, le dessin
» presque lascif. Du côté de l'ombre, le modelé est indi-
» qué en rouge et en jaune clair du côté de la lumière....
» Notons qu'un tel sujet : les Trois Grâces, est très rare-
» ment figuré en mosaïques.

. » Une autre mosaïque, séparée de celle-là par un
» escalier nous offre, au contraire, un tableau fréquem-
» ment reproduit. C'est une scène de chasse, dans un

» cadre rectangulaire (4m10 sur 1m93). En haut, un chas-
» seur, sur un cheval au galop, d'une belle allure. Son
» manteau flotte au vent. Un javelot est dans sa main.
» La jambe munie d'une enveloppe de cuir tombe avec
» aisance. Au-dessous du cavalier, un cerf fuyant à
» droite. Plus bas, un lion fuyant à gauche. La croupe
» du fauve est dessinée en jaune. Des cubes rouges indi-
» quent la langue et marque la blessure qu'il a reçue
» au flanc.

» Non loin de là, on a trouvé en 1884, la jolie mosaïque
» encastrée actuellement dans l'atelier de M. Guillau-
» chin, architecte à Alger et qui représente, entre des
» rosaces, un cheval avec une inscription, portant le
» nom du cheval : *Muccosus*, celui du propriétaire : *Clau-*
» *dii Sabini*, et de la faction du cirque à laquelle il
» appartenait : *Prasiniani*. »

Au-dessous des massifs des ruines des Thermes occidentaux dont nous avons parlé, on a découvert en 1847,
en creusant la route carrossable qui conduit au port,
des vestiges d'autres Thermes et une grande piscine
d'environ deux mètres de profondeur sur une longueur
assez considérable. Cette piscine qui existe encore est
revêtue d'un enduit très fin et très dur, peint en plusieurs
endroits de couleurs vives. Des escaliers situés aux
angles permettaient d'y descendre et de remonter facilement sur les bords. L'extrémité de ce bassin est coupée
carrément. A l'ouest, il est terminé en demi-cercle par
un mur circulaire parallèle, formant couloir avec le premier. Le reste a disparu.

A l'est de la ville, à l'extrémité du champ de manœuvres on voit encore de grands massifs de maçonnerie
fort élevés qui sont les restes d'un vaste établissement
thermal ; de nombreuses citernes, dont quelques-unes
sont très grandes, se trouvent à proximité.

M. Héron de Villefosse dans son rapport sur une mis-
sion archéologique en Algérie, 1875, page 393 (Archives

des Missions), ne voit pas dans ces vestiges, les ruines
d'un établissement thermal. « Derrière le champ de ma-
» nœuvres des chasseurs d'Afrique — nous dit-il — on
» remarque les restes d'une grande construction à la-
» quelle on a donné le nom de Thermes romains. Je ne
» sais sur quels fondements repose cette dénomination ;
» pour mon compte, je suis tenté d'y voir tout autre
» chose.... Si on hésite à y voir un temple, peut-être y
» reconnaîtra-t-on une basilique payenne.
» Dans les Thermes, les Romains se livraient à tous
» les exercices du Champ de Mars. La lutte prenait le
» nom de : Pancratium, lorsque les athlètes couchés par
» terre se roulaient l'un sur l'autre.... Il était encore
» une infinité d'autres exercices auxquels les Romains
» se livraient ; mais accoutumés à la vie molle des Grecs
» ils donnaient la préférence à la paume, trouvant cet
» exercice moins pénible — (Blonet, 1825). »
Il est hors de doute qu'une ville comme Cœsarea devait renfermer dans son enceinte plusieurs temples ou
autres édifices consacrés au culte, mais rien d'apparent
qui puisse le constater n'est resté à la surface du sol et
ce n'est que dans un amas de superbes débris enfouis à
une grande profondeur que l'on a cru reconnaître l'emplacement de ces monuments.
L'état de conservation de ces restes magnifiques indique
d'une manière certaine que ce n'est pas le temps qui les
a renversés, mais bien la main des hommes, à l'époque,
sans doute, des édits des empereurs Théodose et Hono-
rius qui ordonnèrent la destruction des temples dans
tout l'empire, ou bien quelques années plus tard, à la
suite de l'invasion vandale.
« Tel est le cachet de grandeur imprimé à ces vestiges
» d'une civilisation qui avait poussé de si profondes
» racines, que l'imagination des Arabes emprunte, pour
» les décrire, les paroles des livres sacrés, et croient voir
» dans ses ruines l'ombre gigantesque de Ninive. — Gar-

» dons-nous de sourire dédaigneusement à ce naïf ana-
» chronisme; soyons plutôt frappés du sens profond
» qu'il renferme et de cet hommage rendu par un peuple
» religieux à la puissance éternelle qui, tour à tour,
» élève et abaisse les races humaines. » — (Azéma de
Montgravier, capitaine d'artillerie — *Moniteur Algérien*,
18 mai 1840).

La première découverte d'un monument consacré au
culte a eu lieu en creusant à l'angle de la rue du Ruis-
seau et de la rue du Théâtre, la fondation de la maison
H...., mais à peine put-on entrevoir ces magnifiques débris composés d'énormes colonnes, de corniches sculptées, etc., enfouies à plus de trois mètres de profondeur,
qu'il fallut immédiatement les recouvrir de terre, le pignon sud de cette maison, du côté de la rue du Théâtre
reposait sur une de ces colonnes ayant plus d'un mètre
de diamètre. De toutes ces richesses architecturales, un
seul chapiteau, intact et d'une conservation parfaite a
été extrait et envoyé à Cette à M. H... fils, qui en a fait
don au musée de cette ville.

La seconde trouvaille a été faite en novembre 1858,
dans un terrain domanial situé près de la porte d'Alger,
par un Maltais qui défonçait cet endroit pour en extraire
des pierres; des fouilles y furent faites qui mirent à jour
des colonnes, des socles, des chapiteaux et des statues
en assez bon état.

Une inscription votive à Orbania, troisième femme
d'Alexandre Sévère, porte à croire que ce monument,
dont la décoration était magnifique, était dédié à cet
empereur.

Trois ans plus tard, en 1861, en creusant un canal
d'égout dans la cour d'entrée de l'hôpital militaire on
découvrit une quantité considérable de colonnes, de chapiteaux, de corniches en marbre blanc de la plus belle
qualité et travaillés avec le plus grand soin. Cet endroit,
se trouvant plus élevé que la partie environnante de la

ville, on a conjecturé que là était peut-être édifié un temple ou encore que c'était l'emplacement du forum.

On prétend aussi qu'un temple se trouvait sur l'îlot qui protège et forme le port et dont on aperçoit encore les débris dans la mer quand elle est calme.

Le musée de Cherchel renferme encore aujourd'hui une collection assez intéressante, mais en meilleur ou moins bon état, de statues antiques, bustes, médailles, inscriptions funéraires, sarcophages, colonnades, bornes, corniches, chapiteaux, ossuaires, entablements, mosaïques, lampes, urnes et amphores, mais il a été dépouillé de tout ce qu'il avait de plus remarquable et de plus précieux en faveur du Louvre et du musée d'Alger.

M. Beulé, à la page 49 de son mémoire sur les « Fouilles à Carthage » dit, en parlant du musée de Cherchel : « Avant de me rendre à Carthage, j'avais visité Julia » Cæsarea et n'avais pas été peu surpris de trouver dans le » petit musée de cette ville des statues qui, toutes, étaient » des copies d'antiques célèbres, la Vénus maritime, le » Faune flûteur, le Faune de Praxitèle, Bacchus et Am- » pelus ; il y avait même une reproduction d'une des » caryatides de l'Erechteion d'Athènes ; le marbre de ces » statues ressemblait au Paros à s'y méprendre, et ce ne » fut qu'en voyant à Philippeville des échantillons des » carrières du Mont Felfellah, et en apprenant que ces » carrières, exploitées par les anciens, sont toujours vi- » sibles que je compris d'où le roi Juba tirait cette pierre » magnifique. Non seulement on trouvera à Cherchel les » répétitions des antiques que possèdent nos musées, » répétitions très satisfaisantes puisqu'elles sont du » siècle d'Auguste, mais il est permis d'espérer (et c'est » là un espoir merveilleux) des copies d'antiques que » nous avons perdus. »

On peut y voir encore des statues qui, comme le Ti- reur d'épine, « certes, notre jeune garçon (Bronze de » Sparte) ne ferait pas mauvaise figure, non seulement

» au milieu des coureurs, mais même parmi les athlètes
» lourds, et personne ne s'étonnerait qu'un gars d'aussi
» bonnes performances ait emporté un prix à Delphes
» ou à Olympie. » (Ch. Rayet. *Les Monuments de l'Art
antique*), un Faune, une Diane chasseresse, une Vénus
maritime, etc., etc., sont des copies plus ou moins bien
réussies des originaux conservés dans nos musées européens.

On remarque encore dans ce musée, malheureusement
en plein air, des poteries, des tuiles, des briques, des
amphores, des urnes cinéraires et des vases de forme
élégante qu'imitent les potiers indigènes. Une Diane
chasseresse découverte au fond d'un puits romain où
elle avait sans doute été cachée en un jour d'insurrection, car elle est presque intacte. Elle est en marbre
onyx translucide (hauteur 0m63). A cause du séjour dans
l'eau, elle est enveloppée d'une légère couche calcaire.
L'artiste a taillé la tête dans un morceau d'onix blanc,
la draperie et les bottes de chasse dans la partie du marbre veinée de jaune. C'est une réplique du motif grec
bien connu.

Parmi les antiquités les plus remarquables renfermées
encore dans le musée de Cherchel, nous devons citer
quatre têtes colossales d'un beau style grec (haut. 0m90).
Ces têtes viennent d'être affectées à l'ornementation de
la fontaine monumentale élevée sur la place publique de
Cherchel.

M. V. Waille a consacré à ces quatre têtes une de ses
notes publiée en 1889 dans la *Revue archéologique*.

Nous ne saurions mieux en parler que l'éminent professeur à qui nous empruntons le passage suivant :

« Ce sont quatre têtes colossales d'un beau style et
» qui faisaient partie d'un ensemble architectural. Elles
» ont été évidées à la partie supérieure pour être rendues
» plus légères ou pour laisser passer l'eau des pluies et
» portent, à leur sommet, des surfaces lisses légèrement

» inclinées, comme si elles avaient été scellées aux qua-
» tre angles d'un monument, sous la corniche. Quel
» qu'ait été leur rôle, elles étaient destinées à être vues
» de loin, comme des gargouilles.

» L'une de ces têtes est une tête d'homme barbu. Les
» trois autres sont des têtes de femmes. La première a
» tant de majesté qu'on a cru y reconnaître le type de
» Jupiter ou de Neptune, mais à tort. M. Héron de Ville-
» fosse émet déjà des doutes sur la vraisemblance de
» cette conjecture dans son beau rapport sur une mis-
» sion archéologique en Algérie (1875, Archives des Mis-
» sions, page 305). Il constate que le mouvement du cou
» et celui des yeux paraissent indiquer plutôt une pos-
» ture qui ne peut convenir à une de ces deux divinités
» et il incline, de son côté, à y voir une représentation
» de l'Océan.

» Même interprétation, présentée sous une forme éga-
» lement dubitative chez M. de la Blanchère (DE REGE
» JUBA, page 63). *Et fuerunt reperta insuper tria colos-*
» *sorum capita Oceani forsan et dearum maris.*

» Telle est l'hypothèse émise par les deux archéologues
» qui ont parlé du musée de Cherchel avec le plus de
» compétence. »

Pour M. V. Waille « cette tête si vigoureusement tail-
» lée, d'une si énergique allure est un Prométhée. »

Et après avoir étudié dans tous ses détails cette tête
colossale, M. Waille en arrive à cette solution, en disant :
« Ainsi les boucles de la barbe, l'expression de la phy-
» sionomie qui reflète une auguste souffrance, le mouve-
» ment des yeux invoquant un ciel muet, l'ombelle
» enlacée dans les mèches flottantes de la chevelure,
» tout cela convient admirablement à Prométhée.

» Les trois autres têtes aux cheveux ondulés et épars,
» représentent les nymphes de la mer.

» Il y a bien au musée de Cherchel deux autres têtes
» colossales récemment trouvées dans les thermes, mais

» elles ne ressemblent à celles-là que par les dimen-
» sions, non par le style. Elles ne sont ni aussi expres-
» sives, ni aussi bien modelées, ni aussi belles, elles
» n'ont pas le même charme. »

A citer encore un fragment de statue égyptienne qui,
suivant l'avis d'Élisée Reclus (*Nouvelle Géographie uni-
verselle*, t. XI, p. 499) « est l'objet le plus intéressant
» du petit musée que Cherchel possède dans une cour
» ouverte à la pluie. »

Une des antiquités les plus remarquables qui aient été
découvertes il y a quelques années à peine, est un bas-
relief du cinquième siècle, d'une exécution un peu
barbare.

« C'est une étroite bande de marbre, nous dit encore
» M. V. Waille, qui faisait partie de la décoration du
» couvercle d'un sarcophage. Les deux allégories qui s'y
» trouvent représentées symbolisent la foi des martyrs
» et leur persévérance.

» Au centre, une cartouche circulaire, lisse, sans ins-
» cription, soutenue de chaque côté par un génie funèbre
» aux ailes déployées.

» A gauche, l'Adoration des Mages, à droite, les En-
» fants dans la fournaise, deux motifs qui se correspon-
» dent et qu'affectionnaient les artistes chrétiens. »

M. Papelier, curé de Cherchel, s'est fait céder ce bas-
relief, découvert à l'ouest de la ville, presque en face du
cimetière européen, et l'a fait transporter dans son pres-
bytère avec l'intention d'en décorer la nouvelle église.

Au mois de mars 1895, M. V. Waille déposait au musée
de Cherchel divers objets découverts au cours des fouilles
entreprises à Cherchel pour le compte du comité des
travaux historiques, avec le précieux concours de l'autorité militaire.

Une statuette de Diane, mutilée, en marbre (hauteur
0m19). Elle est vêtue d'une tunique très courte, agrafée
sur l'épaule gauche, le manteau replié, formant une

large ceinture. Cette déesse était fort en honneur à Césarée de Maurétanie; le musée de Cherchel compte en effet quatre autres statues de Diane et les fastes des martyrs rapportent que ce fut pour avoir brisé une image de Diane que sainte Marcienne y fut livrée aux bêtes.

Une colossale statue d'orateur, en toge (marbre, hauteur 1^m82 non compris le socle, largeur 0^m75). La tête manque ainsi que la dédicace.

Une statue de femme drapée, debout et tenant verticalement dans la main une corne d'abondance.

Une tête de femme d'une époque plus ancienne et d'un meilleur travail (marbre, hauteur 0^m34). La coiffure est du premier siècle et le type (lèvres fines, front droit, nez qu'on devine sous la cassure avoir été aquilin) peut se rapporter à Livie, femme d'Auguste, ou peut-être à Cléopâtre Séléné, femme de Juba II.

Une tête d'homme diadémée, analogue pour la facture, à la tête de Juba II qui est au Louvre (hauteur 0^m42). Il ne reste que les boucles courtes de chevelure et le diadème, le visage ayant été martelé complètement et sauvagement.

Un fragment d'une tête colossale de marbre (hauteur du cou 0^m46).

Un fragment d'une belle tête colossale en marbre dont il ne subsiste que le nez, la bouche dessinée élégamment et le menton très accentué.

Un fragment de disque de marbre blanc sculpté sur les deux faces.

Une dédicace à Saturne, sur marbre blanc (larg. 0^m21).

Une inscription funéraire chrétienne (plaquette en marbre blanc, 0^m24 sur 0^m21).

Enfin plusieurs fragments d'architecture : chapiteau ionique de marbre blanc, décoré de trois oves (diamètre du fût : 0^m48), auxquels il convient d'ajouter quelques plaquettes de marbre ornées de fleurs, des débris de poterie campanienne ainsi que quelques lampes. — *(Ar-chives de la Mairie de Cherchel)*

Ces fouilles qui ont amené l'exhumation de bon nombre de statues, d'inscriptions utiles pour l'histoire du pays et de bien d'autres vestiges d'art intéressants, ont été pratiquées sur les terrains contigus à la place publique de Cherchel où ont été retrouvés les restes d'un bâtiment somptueux, peut-être d'un palais, croit M. V. Waille, ainsi que sur la propriété de M. Mohammed Dokkiche, située en dehors de la porte de Ténès.

C'est dans cette propriété que les recherches faites par les détenus de l'Atelier n° 1, placés sous l'habile direction de M. le capitaine Sordes, commandant d'armes, et de M. le lieutenant Perrin, viennent d'être brillamment terminés par la découverte de deux remarquables mosaïques en fort bon état de conservation. L'une d'elles mesure 3m98 de largeur sur 4m54 de hauteur. Elle a la forme d'un demi-cercle. Au milieu, un grand vase d'où s'échappent à droite et à gauche deux branches dont les ramifications forment, sur toute l'étendue de la mosaïque des ronds au nombre de dix-huit. Dans chacun de ces ronds sont très finement dessinés un coq, un coucou, un lièvre, une poule et ses poussins, un faisan, un cerf, une perdrix, etc., etc., mangeant ou picotant chacun un fruit. Enfin, à droite et à gauche du vase central, sous les rameaux qui s'en échappent, deux superbes paons de grande dimension.

Cette mosaïque est remarquable par la finesse de l'exécution, par la vivacité du coloris et par l'enchevêtrement gracieux des branches. L'ensemble est entouré d'un encadrement en tresse, fort élégant, de 0m70 de largeur. Elle est destinée à orner le devant du maître-autel de la nouvelle église de Cherchel, actuellement en construction.

Non loin de l'endroit où a été mise à jour la mosaïque dont nous venons de parler, a été découverte la seconde d'un travail peut-être plus grossier, mais qui offre néanmoins un véritable intérêt. Elle affecte, comme la première une forme d'abside et mesure 2ᵐ30 de largeur sur 0ᵐ90 de hauteur.

Celle-ci nous représente une série de quatorze poissons : l'hippocampe, la murenne, la langouste, la lamproie, la seiche, le dauphin, etc., etc., et une certaine quantité d'oursins, y sont dessinés dans un enchevêtrement original et artistique en même temps. Elle est destinée à orner le dessus des fonds baptismaux de la nouvelle église.

Ces deux mosaïques ont été momentanément recouvertes soigneusement pour les mettre à l'abri des détériorations qu'elles pourraient subir par suite des intempéries en attendant l'affectation que chacune d'elles doit recevoir.

Notons, enfin, deux magnifiques piliers quadrilatéraux en très beau marbre blanc, exhumés tout récemment de la même propriété.

L'un d'eux est en deux morceaux et mesure 2ᵐ54 de hauteur, sur 0ᵐ28 de largeur et 0ᵐ19 d'épaisseur.

Le second, en un morceau (l'autre fragment n'ayant pas été retrouvé), mesure 2ᵐ04 de hauteur, 0ᵐ30 de largeur et 0ᵐ21 d'épaisseur. D'après ces dimensions, on peut supposer que ce second pilier devait être plus élevé que le premier.

Tous deux sont admirablement fouillés sur leurs quatre faces. On y voit, très apparents encore, des oiseaux, des fleurs, des fruits, des urnes, dont le travail remarquable ne ressemble pas à ce que l'on a découvert jusqu'ici en fait de pilastres, colonnes ou piliers.

Nous ne terminerons pas cette notice sommaire sans émettre le vœu de voir continuer les fouilles et poursuivre les travaux de recherches aussi habilement conduits que dirigés, car il est incontestable que l'on n'a pas, dans la région de Cherchel, exhumé du sol toutes les richesses archéologiques qui y sont encore enfouies.

III. — Limites, Superficie, Population, Sectionnement actuel de la commune.

La commune de Cherchel est limitée au Nord, par la mer, à l'Est, par la commune de plein exercice de Tipaza, au Sud, par la commune de plein exercice de Marengo et par les douars El Gourine et Sidi Simiane.

Sa superficie est d'environ 18,000 hectares en plaine. Sa population de 10,000 habitants environ, dont 5,000 indigènes.

La population de Cherchel, chef-lieu, est de 6,000 habitants en chiffres ronds, dont la moitié, indigène.

Un commissariat civil fut institué à Cherchel par arrêté du 8 mai 1841.

L'érection en commune de plein exercice date de quelques années avant l'insurrection de 1871.

La commune de Cherchel est divisée administrativement en quatre sections, qui sont : Cherchel, Zurich, Novi et le douar Chenoua.

IV. — Commerce, Industrie, Agriculture, Marchés.

Le commerce principal de la commune de Cherchel, dans son ensemble est celui des vins.

Il y avait, en effet, pendant la campagne agricole de 1894 : 834 hectares complantés en vignes, ayant produit environ 50,000 hectolitres de vin.

Sur ce nombre figurent :

Cherchel, 397 hectares pour 22.000 hectol.
Novi   305   —   20.000 —
Zurich   132   —   8.000 —

Le commerce des bestiaux et des grains est presque nul dans la commune et ne suffit pas à l'alimentation.

Les deux industries qui fonctionnent sont : trois fabriques de conserves de poissons et de salaisons à Cherchel, dont le rendement peut être évalué annuellement à 1,000 quintaux.

Une dizaine de fabriques de crin végétal, de plus ou moins d'importance marchant à la vapeur ou à manège, sont installées sur différents points de la commune.

L'agriculture est, en général, florissante sur tout le territoire.

On peut évaluer et répartir ainsi qu'il suit l'étendue de chaque culture :

Cultures alimentaires (céréales).... 3.200 hect.
Prairies artificielles............... 62
Cultures industrielles 30
Prairies naturelles.. .... 3.300
Vignes 834
Vergers........................... 130
Jardins maraîchers et autres....... 50
Bois et forêts 940
Landes, terrains rocheux et de montagnes, marécageux et autres.... 5.000
Constructions, voies de communication, cours d'eau............... 1.300
Terrains en jachère 1.200

Les marchés sont au nombre de trois.

Celui de Cherchel, quotidien, dont le revenu annuel est d'environ 10,000 francs.

Celui de Zurich, hebdomadaire, d'un revenu annuel de 1,500 francs environ.

Et celui de Novi, hebdomadaire aussi, mais d'un revenu insignifiant.

Cherchel possède en outre un abattoir public dont le revenu annuel peut être évalué à 15,000 francs environ.

V. — Cultes.

Les cultes catholique, protestant, israélite et musulman sont suivis à Cherchel, chef-lieu, où existent église, temple, synagogue et mosquée.

Les sections de Zurich et Novi ne possèdent qu'une église catholique.

Une nouvelle église est en construction à Cherchel.

VI. — Instruction publique.

Cherchel, chef-lieu, possède trois écoles communales :

Une de garçons : 4 instituteurs, 160 élèves dont 20 indigènes environ.

Une de filles : 2 institutrices, 90 élèves sans indigènes.

Une maternelle : 2 institutrices, 100 élèves sans indigènes.

Une école libre tenue par les sœurs de la doctrine chrétienne, 50 élèves.

Deux écoles arabes (libres) peuvent avoir ensemble 120 élèves.

Novi possède trois écoles :

Garçons : 1 instituteur, 40 élèves.

Filles : 1 institutrice, 30 élèves.

École maternelle : 1 institutrice, 60 enfants.

Zurich ne possède qu'une école mixte : une institutrice, 50 élèves environ.

VII. — Voies de communication.

Chemins vicinaux :

1re série. — N° 3 a de Cherchel à Bourkika.

2e série. — N° 1 de Cherchel à Ténès (route dite d'Alger à Mostaganem.

Chemins ruraux :

Trente-cinq sont classés, représentant ensemble un développement de 25 kilomètres.

VIII. — Cours d'eau.

Le seul dont nous parlerons est l'Oued El Hachem, le plus important, qui prend sa source dans la commune mixte de Gouraya, et qui alimente la ville de Cherchel, ainsi que les riverains sur un parcours de 24 kilomètres environ.

IX. — Forêts.

On peut évaluer à un millier d'hectares la superficie de la commune de Cherchel couverte en forêts, une partie de cette étendue est située au sud et à l'est de la section de Zurich, l'autre au sud de la section de Novi.

Il ne s'y rencontre pas d'essences remarquables, ce sont généralement de fortes broussailles comme à Bou-Rouïs.

X. — Mines, Carrières.

Le Mont Chenoua dont le pic le plus élevé est à 900 mètres d'altitude est très riche en minerais.

Plusieurs permis de recherches ont été délivrés ces dernières années et ont démontré l'existence de filons importants.

On rencontre également des gisements de calamine, zinc, plomb argentifère, etc.

On trouve sur le territoire de la commune de Cherchel de nombreuses carrières de grès, de granit, argile, etc., etc.

XI. — Zurich.

Le village de Zurich est une colonie agricole de 1848, constitué en centre le 11 février 1851 et annexé à Cherchel en 1854.

Zurich est situé entre Marengo et Cherchel, à 101 kil. d'Alger et à 15 kil. de Cherchel, sur la rive gauche de l'Oued El Hachem, dans un endroit que les indigènes appellent « Enser El Aksob » (la source des roseaux). Le village a été bâti sur l'emplacement d'une villa romaine. On y a découvert de nombreuses inscriptions et des pièces d'or du cinquième siècle.

La route de Marengo à Zurich est très pittoresque et très accidentée; laissant à droite le Chenoua, elle s'engage dans les derniers contreforts des montagnes des Beni Menad et aboutit à Zurich après avoir traversé l'Oued El Hachem.

De Zurich à Cherchel, longeant le pied sud-ouest du Chenoua dont les habitants, kabyles, fabriquent des poteries renommées, la route court dans la direction du Nord-Ouest à travers la belle et fertile vallée de l'Oued El Hachem, enserrée par le Chenoua à l'Est et les Beni Menasser à l'Ouest. La route passe ensuite sur plusieurs ravins, suit la direction de l'Est à l'Ouest à partir de l'Oued Bellah, et aboutit à Cherchel.

La population de Zurich est de 632 habitants dont 384 indigènes. Sa superficie est de 4,000 hectares environ en collines et en plaines.

L'eau de consommation y est très saine et très abondante.

XII. — Novi.

Le village de Novi est, comme Zurich, une colonie agricole de 1848, également constitué en centre le 11 février 1851 et annexé à Cherchel en 1853.

Novi est situé à 7 kilomètres ouest de Cherchel et relié à cette ville par une très large et très belle route longeant continuellement la mer (route d'Alger à Mostaganem).

Ce village a été bâti sur l'emplacement du lieu appelé « Sidi R'Ilès » à 150 mètres du rivage.

Des poteries, des médailles, des tombeaux, des fûts de colonnes ont été trouvés à Novi et témoignent suffisamment, en cet endroit, l'existence d'une colonie romaine, dans l'antiquité.

M. Berbrugger y a recueilli en 1855 des inscriptions gravées sur des bornes milliaires.

La population de Novi est de 700 habitants dont 200 indigènes environ.

La situation exceptionnellement avantageuse au point de vue du climat et de la salubrité a fait de ce village un des centres les plus prospères de la région.

L'eau d'alimentation y est abondante et très salubre.

CHAPITRE II

HISTOIRE NATURELLE de la RÉGION DE CHERCHEL

I. — Géologie, Paléontologie, Minéralogie.

D'après M. Pomel, le sol du canton de Cherchel contiendrait les terrains suivants :

Terrain secondaire. — Le crétacé inférieur composé d'argiles marneuses et gréseuses avec des bancs quartzeux et calcaires. Il comprend le massif de Cherchel, proprement dit, Sidi Simiane, les Merahbas, Beni Berri et les Zatimas.

Comme fossiles on y trouve des bélemnites, des huîtres, des oursins.

Terrain tertiaire, Éocène. — Le terrain pyrénéen se trouve sur les sommets abruts du Chenoua et est peu développé.

Miocène. — Le cartennien dont le type géologique se continue jusqu'ici depuis la région de Ténès, se montre à l'Oued Bellah et à l'Oued El Hachem, il y contient des oursins, des térébratules, des bryozoaires, des spongiaires, et notamment l'*Amphiope bioculata,* ou *palpebrata* à la ferme Münkel.

L'helvétien se montre en quelques morceaux à Taourira où il donne des conglomérats, des calcaires sableux, des grès, sans fossiles à signaler.

Miocène et Pliocène. — Le sahélien donne des marnes bleues déliquescentes, avec des grès et des poudingues s'étendant des Beni bou Salah au Chenoua. Dans ces marnes sableuses, au Chenoua existe un dépôt de coquilles que Ville connaissait et dont il parle dans son ouvrage intitulé : *Notice minéralogique des provinces d'Alger et d'Oran.*

Toutefois, de nombreuses variétés de fossiles ont donné à un amateur plus de cent vingt espèces différentes et parfaitement conservées, parmi lesquelles, des *cônes*, des *peignes*, des *pleurotomes*, des *troques*, des *turbo*, même une *scalaire* et un *buccin*, un *cardium* ainsi que quelques bryozoaires.

Plusieurs gisements moins riches, mais non moins intéressants existent dans le Chenoua et il serait curieux de savoir si ces gisements ne se rapprochent pas des faluns de la Ligurie et de l'Italie méridionale.

Quelques lambeaux de terrains quaternaires le long de

la mer et en falaise sont à signaler pour la nomen-
clature.

Les roches éruptives percent à certains endroits notamment au Chenoua. Elles semblent constituer le Pic
de Marceau, dit : Grand Pic d'El Gourine, que l'on aperçoit d'El Affroun dans la direction de Cherchel.

A Fontaine-du-Génie existe une masse exploitée, dans
l'antiquité, par les Romains et qui a donné à Cherchel la
plupart des colonnes dites de granit, qui se trouvent
dans la ville.

Parmi les minéraux, Cherchel possède, en fait de minerais métalliques :

1° Le fer, très abondant, surtout à Gouraya et dans les
montagnes avoisinant ce village, où les frais de transport paraissent, seuls, avoir suspendu l'exploitation des
mines.

Les filons de fer oxydé et carbonaté à gangue quelquefois barytique, sont infiltrés dans une roche souvent
métamorphisée profondément. On y a même trouvé,
constituant une réelle curiosité par sa rareté, le fer
spéculaire à cristaux brillants, analogue à celui de l'Ile
d'Elbe.

2' On y trouve également du cuivre gris.

3° Le plomb est commun dans le massif; il est toujours sous forme de galène, mais, bien que les filons
paraissent nombreux, ils semblent être sans aucune
importance.

En fait de minerais terreux :

Le plâtre qui est commun et se trouve en roches plus
ou moins pures. On cite, cependant, la carrière communale de Gouraya, comme donnant des échantillons cris-
tallisés d'une rare pureté, grâce à un filon bien caracté-
risé, mais probablement peu important.

En dehors de ces minéraux qui constituent la caracté-
ristique du pays, il existe des traces rares ou douteuses
de zinc, d'antimoine et de manganèse.

Dans le même ordre d'idée, il importe, en terminant, de signaler les sables de Marceau que la Société des Verreries Algériennes à laquelle nous réserverons, plus loin, une notice spéciale, va incessamment exploiter. On trouve même dans ce gisement des curiosités paléontologiques, des dents et des plaques de palais de squales.

II. — Les Plantes, les Algues.

Le bord de la mer paraît comprendre à Cherchel quelques chénopodiacées, entre autres le *chenopodium ambrosioïdes*, des aroches *(atripex)*, des soudes *(sueda)*, des salsona, mêlées à quelques conifères, à des genévriers de Phénicie, des myrtes et des tamarins parmi lesquels le *t. gallica* et le *t. africana*.

Plus haut et notamment aux environs des oueds, les myrtes et les lauriers roses, les buplèvres, les roseaux, les lentisques et les cistes aux fleurs blanches et roses, parmi lesquels il faut citer le rare *cistus ladaniferus*, l'*hétérophyllus creticus*, et un hybride *ladanifero-monspeliensis*, trouvé en Algérie, et signalé par un collaborateur de M. Gay, de Crescia.

Comme les myrtes qui empiètent sur la zone maritime et font surtout partie de ce que l'on pourrait, à Cherchel, appeler la zone de culture, les cistes montent avec les contreforts des montagnes où l'on trouve avec les pins d'Alep, les chênes kermès, les lauriers-thyms, les arbousiers, les phyllaria, quelques curieuses orchidées, parmi lesquelles les *spiranthes automnalis*, à l'odeur de vanille, l'*orchis papillonacea*, ou papillon, l'*orchis coryophora*, à l'odeur douce d'oranger, l'*orchis saccata*, nouvellement signalée dans le Tell, l'*ophris tenthredinifera* dont la hampe de fleurs roses, au mois de mai, surgit dans levées des fossés.

Dans la même zone les *lins*, les *vipérines*, les *salses-pareilles*, le *cynomorium coccineum* (rare), et les trop nombreuses *scilles*, des *trèfles* et *luzernes* sauvages en nombre considérable, le *biarum Bovei* et la *scille maritime*.

Dans la haute montagne, peu connue au point de vue botanique, à signaler les *fritillaires* et quelques *renonculacées*, ainsi que parmi les *cryptogames*, l'*usnea longissima* ou barbes de moines, dont les touffes longues pendant des branches des arbres, donnent un aspect singulier à la forêt.

Comme algues, la Méditerranée donne à Cherchel des confervoïdées *(ulva lactuca, enteromorpha intestinalis)*, quelques siphonées, des dyctiotées, des helmyntho-cla-diacées, des gelidiaceœ, quelques corallinées. Parmi les plus belles, dont on trouve de splendides échantillons, la *zonaria pavonia*, et la *schyzonia dubyi*.

— ◆◆ —

III. — Conchyliologie.

Au point de vue de la faune malacologique, Cherchel, par le fait même de sa situation sur la Méditerranée, fait partie de la région appelée par Fischer : la province Lusitanienne.

Cette province, c'est-à-dire la contrée où la moitié des espèces au moins, sont particulières au pays, semble de plus en plus, d'après l'histoire géologique de la région méditerranéenne, tendre à constituer, pour l'ensemble de la Méditerranée, une faune spéciale où les espèces d'origine tropicale, analogues surtout à celles des Indes, ont, presque toutes, disparu. Aujourd'hui même cette spécialisation paraît se continuer, car un certain nombre d'espèces vivant dans la Méditerranée, semblent plus petites et quelque peu différentes de celles analogues vivant sur

la région comprise dans la province Lusitanienne de
de l'Atlantique. Un esprit minutieux y trouverait, certainement, des différences sensibles provenant probablement de causes multiples et surtout, peut-être, de l'isolement de la Méditerranée au milieu du système général
des terres et des mers.

En dehors de ces conditions généra'es portant sur
toute la faune malacologique, la Méditerranée voit varier infiniment suivant les conditions spéciales à chaque
pays qu'elle baigne, la faune de ces petites régions.

Pour Cherchel, la faune est relativement pauvre, car
le pays semble, dans les couches que nous pouvons connaître, et qui plongent en mer, manquer de calcaires,
condition, pour les mollusques conchyfères, absolue pour
leur existence, car, sans calcaire, impossibilité presque
complète pour eux de former leurs coquilles.

Sur le littoral cherchellois immédiat, on trouvera au
niveau supérieur à la surface de la mer sur la zone des
balanes, les *littorina cœrulœa* en nombre incalculables.
Elles y sont innombrables mais presque microscopi-
ques. Les patelles viennent immédiatement au-dessous, communes à l'excès; on trouve cependant parmi
elles une variété assez rare partout ailleurs : la *sipho-
naria algesirœ.*

Au-dessous du niveau immédiat de la mer et restant
ordinairement à ce niveau, l'on trouve :

Sur les plages rocheuses et nues, là où le flot vient
doucement mourir, les troques *(trocus)* qui, suivant les
heures de la journée, l'intensité de la lumière et le calme
de la mer, se promènent vivement sous l'eau, sortent sur
les pierres qui émergent à peine, ou se cachent dans
les plis des roches surtout quand la mer s'agite et mou-
tonne.

Le cône de la Méditerranée se traîne paresseusement
ou sommeille dans les fentes des rochers là où l'eau est
plus vive. Au même niveau, les fuseaux *(fusus)*, les pour-

pres, descendent plus profondément et semblent chercher les bivalves qu'ils ont soin d'empêcher de se refermer en perçant la coquille sur le muscle abducteur et dévorent ainsi, à leur aise, ces mollusques restés sans défenses.

Sur ces mêmes rochers, l'oreille de mer *(haliotis)*, et les *murex* vont et viennent tandis que les *cyprées* ou *porcellaines* semblent chercher l'ombre sous les pierres.

Sur les rochers couverts d'algues, les moules se pressent et se multiplient là surtout où la côte abrupte, et la profondeur de l'eau environnante permettent difficilement d'approcher.

Sur les prairies sous-marines de *Posidonia Caulini* dont les débris encombrent la plage, après le mauvais temps, vit en quantités innombrables le *cerithium rupestre* dont certains exemplaires de très grande taille semblent former une variété spéciale.

Leur nombre incalculable fait le désespoir du promeneur qui ne ramasse, en certains endroits, avec cette coquille, que les *pisania* et les *bulla*.

En descendant plus profondément, déjà souvent hors la portée du promeneur, accrochées à la roche et solitaires, vivent les arches et quelques autres coquilles communes.

Dans les profondeurs de vingt mètres et au-delà jusqu'à cent mètres environ (ce qui ne se trouve guère qu'à quelques milles de la côte), vivent les grands tritons, et les tonneaux *(dolium)*.

Près des rivières, dans les vases, les peignes *(pecten)*, les avicules *(avicula terentina)*, forment de véritables bancs ou paquets; dans cette station se trouve le curieux *xenophora mediterranea*, dont un œil, même exercé, ne reconnaît que difficilement, à première vue, l'existence, sous un amas de débris maçonnés à la coquille ou sous une éponge vivante.

Dans cette zone vit aussi, en grandes quantités, le

pectoncle *(pectunculus)*, dont les pêcheurs ramènent souvent les coquilles vides.

Il est rare de les trouver, ici, sur la plage, où, comme coquilles rejetées, se rencontrent surtout les *turbos*, les *tapes*, les *venus*, les *tellines*, les *lucines*, les *émarginules*, les *fissurelles*, les *cancellaires*, les *nérites*, les *rissoa*, etc.

Quant aux amateurs, ils sont heureux de trouver quelquefois des janthines aux belles couleurs violettes ou des argonautes si fins et si légers. On signale, enfin, comme une curiosité la découverte, sur la plage du Cap Zizerin de coquilles bien conservées de *spirula Peroni* échouées, après la traversée de l'Atlantique, sur une plage de la Méditerranée éloignée de près de 320 milles marins du détroit de Gibraltar, à travers lequel les ont poussées les courants, et dont l'origine paraît indiquée par les anatifes qui s'y étaient fixés et que ne renferme pas la Méditerranée.

Quant aux pholades, si curieuses par leurs phosphorescences, il faut briser la roche où un orifice à peine visible cache souvent de belles coquilles. de même pour la datte de mer, moins commune à Cherchel, et les saxicaves. Sous ces roches, le collectionneur trouve rarement une variété spéciale à la Méditerranée de la datte de mer, le *lithodomus caudigerus*.

Les mollusques terrestres ou d'eau douce, peu intéressants, ne comprennent guère que des limaçons *(helix)* dont l'Algérie paraît, du reste, avoir une remarquable série; on peut cependant citer parmi cette espèce l'*helix Adolphi* à Villebourg, les *helix aperta* et *roseotincta* comme étant plus rares et quelquefois assez belles. Dans la même série, sont les bulimes tronqués, désespoir des jardiniers et du collectionneur. qui est, cependant, heureux de se procurer dans des stations difficiles à trouver, le *glandinia algerica* et plusieurs *ferrusacia*.

CHERCHEL

IV. — Relevé météorologique des années 1891, 1892, 1983, 1894 et 1er semestre 1895.

ANNÉES	INDICATION	ÉTÉ	AU-TOMNE	HIVER	PRIN-TEMPS
1891	Température moyenne.	23°63	18°82	12°40	15·56
	— maxima.	32°	24°	22°	29°
	— minima ..	19°	10°	3°	7°
	Vents régnants.........	N-E et S-E	W et E	W et N-W	W
	Pluviomètre............	11 m/m 0	130 m/m 2	172 m/m 7	77 m/m
1892	Température moyenne.	21°50	18°50	11°50	16·30
	— maxima..	38°	29°	23°	22°
	— minima...	19°	9°	3°	6°
	Vents régnants	W et E	W	W et S-W	W et N-W
	Pluviomètre..........	3 m/m 4	160 m/m 3	171 m/m	153 m/m
1893	Température moyenne.	23°50	17·50	9·50	19°50
	— maxima..	38°	27°	17°	26°
	— minima ..	18°	3°	2°	8°
	Vents régnants........	S-E	W et S E	W et N-W	W et S-E
	Pluviomètre.....	4 m/m 2	244 m/m 2	272 m/m	58 m/m
1894	Température moyenne.	23°62	15°40	10 70	16°85
	— maxima .	39°	29°	20°	31°
	— minima ..	17°	7°	2°	8°
	Vents régnants........	E et N-E	W et S-E	S-E	W
	Pluviomètre..........	26 m/m	140 m/m	386 m/m	81 m/m
1er semestre 1895	Température moyenne.	»	»	12°60	18°08
	— maxima..	»	»	24°	31°
	— minima ..	»	»	10°	10°
	Vents régnants........	»	»	W et W-N-W.	N-W
	Pluviomètre..........	»	»	310 m/m	98 m/m 8

CHAPITRE III

COMMUNE MIXTE DE GOURAYA

I. — Notice archéologique sur la commune mixte de Gouraya.

On rencontre sur toute l'étendue de la commune mixte de Gouraya et dans chaque douar, des vestiges plus ou moins bien conservés de la domination romaine. Dans le périmètre du centre de Fontaine-du-Génie, près du marabout qui existe sur le bord de la mer, on a trouvé de nombreuses pierres de taille qui dénotent, en cet endroit, un certain nombre de constructions romaines édifiées autrefois. Il en est de même sur la concession du sieur Richard, où l'on a découvert aussi de très belles pierres de taille. Dans cette région les colonnes de granit se rencontrent fréquemment. Au-dessus du village, on reconnaît très bien du reste, les anciennes carrières d'où les Romains extrayaient le granit et dans lequel ils taillaient leurs colonnes. Plusieurs d'entre elles sont encore enfouies dans le sol. Le plus bel échantillon qui ait été mis au jour est le superbe monolythe extrait du sol où il était enfoui, et érigé sur la grande place du village.

Dans la région de Marceau, on a découvert les traces de l'ancienne canalisation faite par les Romains, pour amener, en passant sur les aqueducs dont nous avons parlé dans notre notice archéologique sur Cherchel, l'eau potable à Cæsarea. On rencontre les vestiges des travaux de cette canalisation sur des longueurs qui atteignent, en certains endroits, quinze et vingt mètres. Au pied du grand Pic de Marceau on trouve encore les traces d'une ancienne fabrique de poteries, et l'on y a découvert aussi des tombeaux. Des travaux de captage d'eau ont dû être faits, autrefois, en cet endroit par les Romains, on en reconnaît encore les vestiges.

Dans le douar Sidi Simiane apparaissent les ruines d'un petit village aux abords du marché d'El-Hâad. Dans la fraction d'Afaïn on remarque des pierres de taille et, en certains endroits, des embrasures de fenêtres en ruines qui dénotent que, là aussi, les Romains avaient construit un petit village.

Dans le douar El-Arbâa, on voit, en trois endroits différents, des traces de vastes constructions. A Bou-Ische, des constructions en ruines, — sur la crête de Bou Ische, des vestiges d'anciennes fortifications ; il devait exister sur cette hauteur soit un petit village fortifié, soit une immense citadelle.

Dans les environs de Gouraya, près de la ferme Bonnefoy, on a découvert une nécropole immense. Il y a deux ans, des fouilles minutieuses faites en cet endroit, ont mis au jour, en ouvrant un certain nombre de caveaux, de très belles poteries, des vases, des amphores, des coupes, dont les plus beaux échantillons ont été envoyés au musée d'Alger et au Louvre à Paris.

D'après l'opinion des archéologues qui se sont livrés à ces fouilles, la nécropole en question s'étendrait sur une très vaste étendue et il resterait encore, à cet endroit, un grand nombre de tombeaux à ouvrir. La forme particulière de ces tombeaux scellés par de très belles pierres de taille et leur division intérieure étaient remarquables. On y a découvert très peu d'objets en métal. Le plus précieux était une bague en or portant sur le chaton une tête fort bien creusée.

Dans le douar Larhat, on voit encore les ruines d'anciennes constructions, de belles pierres de taille, et des murs encore bien conservés en certains endroits.

Dans le douar Beni Milouk, sur le plateau de Bou Yamen, on a découvert des scories de fer et de cuivre, qui semblent indiquer qu'en cet endroit existait, dans l'antiquité, une fabrique où se travaillaient ces métaux. Cette région semble avoir été de la part des Romains l'objet d'une sérieuse occupation. On trouve encore, disséminées un peu partout, des ruines romaines dont quelques-unes assez importantes, notamment celles du plateau de Tebaïnet, celle du village nord des Beni bou Hichem, près de la source d'Idhemamen, et celles de Tizi-el-Khemis. Il existe, à la source située sur le plateau de Tebaïnet, des traces d'un ancien bassin romain et l'eau n'y sort pas directement du sol, mais bien de l'ouverture d'un conduit qui semble l'amener du pied de la montagne boisée qui domine le plateau à une centaine de mètres de là.

Enfin, dans le douar Damous, sur l'emplacement du futur centre de Dupleix, existait, d'après Berbrugger, une ville qui portait le nom d'Atesia; on remarque, sur la hauteur, dominant la mer et l'embouchure de l'oued Damous, les ruines d'un ancien fort.

M. Schaw, dans ses « Voyages » est d'un avis différent sur le nom de cette station romaine de Damous. Voici ce qu'il en dit : « A deux lieues à l'est des Beni Howah » (Beni Haoua, commune mixte de Ténès), on rencontre » une petite baye et des ruines qui peuvent être des » restes de ce que les anciens appelaient *Castra Germanorum* (Ptolémée. Livre IV., chapitre 2, dans *les Extraits*, page 20). — Les habitants du pays nomment » ces ruines Dah-mus, qui, dans leur langue signifie un » lieu obscur, ou une caverne; nom qui vient peut-être » de quelqu'une des anciennes citernes qui sont ensevelies sous ces ruines.

» Deux lieues plus loin, près du fond de la dite baye, » nous avons les ruines de Bresk, autre station romaine, » plus grande que Dah-mus. — Les Maures d'Andalousie sont les derniers qui l'ayent habité; mais sa » situation fâcheuse entre Goryah *(Gouraya)*, Larhatt

» *(douar Larhat)*, Beni-Tifrah *(Beni Ferah)* et d'autres
» tribus turbulentes, est la cause que, depuis quelques
» années, il n'y a absolument plus d'habitants à Bresk.
» Le Cannccis de Ptolémée *(Ptolémée : urbi suprà)* et le
» Cunugi où Cunugus, de Pline (Pline. Livre V, chapi-
» tre 2, dans *les Extraits*, page 54. A., et de l'Itinéraire
» répondent à ce lieu. »

Bresk, semble correspondre à l'emplacement aux environs de Gouraya, près de la ferme Bonnefoy, que nous
avons signalé plus haut, près du marabout de Sidi
Braham El Khonas. La nécropole dont nous avons parlé
pourrait avoir été celle de cette importante station romaine.

Une langue de terre qui s'avance de ces ruines dans
la mer (dit encore M. Schaw), forme le Ras-el-Terff, entre
lequel et Sher-Shell il y a une baye d'une assez bonne
profondeur. — Au fond de cette baye est l'embouchure
de la Tef-fert, rivière qui n'est pas considérable en été,
mais en hiver elle est profonde, rapide et dangereuse à
passer.

C'est incontestablement de l'oued Messelmoun dont
M. Schaw veut parler dans le passage précédent.

II. — Situation topographique.

La commune mixte de Gouraya occupe le versant nord
des montagnes qui séparent la plaine du Haut-Chéliff de
la Méditerranée. Elle affecte la forme d'un rectangle très
allongé qui se déploie parallèlement à la mer et dans
laquelle la commune de Gouraya, plein exercice, se
trouve enclavée.

La commune mixte de Gouraya est généralement très
montagneuse, principalement dans la partie ouest, com-
prenant les douars Beni Milouk, Damous et Zatima.
Les sous-sols, dans cette partie de la commune, sont
volcaniques; le tremblement de terre du 15 janvier 1891
a été un vrai désastre pour l'ouest de la région; les villages de Villebourg et Gouraya et les douars avoisinants
ont été cruellement éprouvés alors que dans la partie est
du territoire, les secousses furent bien moins fortes et
les dégâts insignifiants. Fréquemment encore, on ressent
des oscillations et l'on perçoit des bruits souterrains qui
ne laissent aucun doute sur la nature essentiellement
volcanique de cette région.

Limites.

Elle est limitée à l'Est, par la commune de Cherchel
et la commune mixte d'Hammam-Righa; au Sud, par les
communes mixtes d'Hammam-Righa et des Braz; à
l'Ouest, par la commune mixte de Ténès et au Nord, par
la mer et les communes de plein exercice de Gouraya et
de Cherchel.

Superficie.

La superficie exacte de la commune mixte de Gouraya
est de 82.640 hectares se répartissant ainsi qu'il suit :

Superficie des centres européens :

Villebourg	700 hect.	
Marceau....... ....,..	1.541	2.463 hect.
Fontaine-du-Génie..........	222	
Superficie du territoire indigène		80.177
Superficie totale.....		82.640 hect.

Population.

La population actuelle de la commune mixte de Gouraya est de 25,486 habitants ainsi répartis :

Centres européens :

Villebourg..............	123 hab.	⎫
Marceau............	135	⎪
Fontaine-du-Génie.........	43	⎬ 304 hab.
Douar Beni Milouk.........	3	⎭
Nationalités diverses...........		17
Indigènes dans les douars.. 25.146 hab.		⎫ 25.165
Indigènes dans les centres.. 19		⎭

Total de la population..... 25.486 hab.

On pourra se rendre compte par l'examen du tableau
ci-dessous, de l'importance de chacun des huit douars
de la commune mixte au double point de vue de la den-
sité de la population et de la superficie :

NOMS DES DOUARS	POPULATION	SUPERFICIE
	Habitants	Hectares
Douar Sidi Simiane.	5.680	16.196
— El Gourine.........	5.125	16.751
— El Arbâa.........	3.802	19.500
— Zatima.......	2.353	5.100
— Beni Milouk	2.247	6.820
— Larhat	2.232	5.040
— Aghbal......... .	1.998	4.025
— Damous....... ...	1.709	6.745
Population totale des indigènes dans les douars...	25.146	80 177

Circonscriptions administrative, judiciaire, médicale.

La circonscription administrative comprend les trois centres de colonisation dont nous avons parlé plus haut, et des huit douars qui forment la commune mixte de Gouraya.

La circonscription judiciaire est un peu plus étendue; elle comprend, en outre de la circonscription administrative : 1° la commune de Gouraya, plein exercice, enclavée ainsi que le douar Gouraya, dans la commune mixte; 2° la commune de Cherchel, plein exercice, limitrophe des circonscriptions de Marengo et de Tipaza.

La circonscription médicale est naturellement la même que la circonscription judiciaire; le service des transports est assuré par un médecin communal de Cherchel, pour la commune de plein exercice, et par le médecin de colonisation de la commune mixte, pour la circonscription de Gouraya mixte et de Gouraya plein exercice.

Constitution de la commune mixte de Gouraya depuis sa création. — Rattachement de territoire. — Sectionnement actuel.

La commune mixte de Gouraya a été créée par arrêté gouvernemental en date du 27 avril 1876.

A son origine, elle comprenait le centre européen de Gouraya, alors en voie de peuplement, ainsi que les territoires indigènes des tribus de Gouraya, Aghbal, Larhat, Zatima et Beni Zioui (aujourd'hui Damous) provenant de la commune indigène de Cherchel.

Le 31 janvier 1878, les douars El Gourine et Sidi Simiane, formé de l'ancienne tribu des Beni Menasser, étaient rattachés à la commune mixte.

Le 10 février 1879, les tribus des Beni Milouk et Beni Ferah (El Arbâa), étaient également remises par l'au—

torité militaire à l'administration civile, pour former deux nouvelles sections de la commune mixte.

Depuis la constitution de la commune de plein exercice de Gouraya, la commune mixte ne comprend plus que onze sections, dont trois sections européennes et huit sections indigènes toutes représentées dans la commission municipale, d'après les bases déterminées par l'arrêté gouvernemental du 11 mars 1885 et suivant les indications du tableau ci-dessous :

NOMS des SECTIONS	ADJOINTS français	ADJOINTS indigènes	MEMBRES français	TOTAL
Fontaine-du-Génie......	1	»	1	2
Villebourg............	1	»	1	2
Marceau.............	1	»	1	2
El Gourine...........	»	1	»	1
Sidi Simiane.....	»	1	»	1
El Arbâa	»	1	»	1
Aghbal....	»	1	»	1
Larhat.....	»	1	»	1
Damous.............	»	1	»	1
Zatima.....	»	1	»	1
Beni Mileuk	»	1	»	1
TOTAUX.........	3	8	3	14

TABLEAU des FRACTIONS constituant chacun des douars de la commune mixte de Gouraya avec indication de la population de chacune d'elles.

DOUARS	FRACTIONS	POPULATION	
LARHAT	Tarista	779	2.232
	Beni Ouarkchen	453	
	Bou Khelidja	418	
	El Keria	582	
DAMOUS	Beni Hatita	430	1.709
	Roll	302	
	Riggou	269	
	Ighil Ouzerou	708	
EL ARBAA	Souhalia	1.194	3.802
	Hafouna	979	
	Himda	633	
	Mesker	496	
	Beni Berri	204	
	Bou Aïche	296	
SIDI SIMIANE	Taourira	1.278	5.680
	Mazer	1.739	
	Hafouna	1.027	
	Beni Habiba	1.636	
EL GOURINE	Beni bou Salah	1.743	5.125
	Tidaf	1.228	
	Beni Abdallah	1.090	
	Ouled el Arbi	1.064	
AGHBAL	Beni Nador	359	1.998
	Bou Ische	917	
	Beni Jakhti		
	Soulaya	283	
	Bel Alla	439	
BENI MILEUK	Rezlia	474	2.247
	Chouila	463	
	Adouia	496	
	Beni bou Hichem	267	
	Beni bou Helou	547	
ZATIMA	Beni bou Hannou	587	2.353
	Ouled Aïssa ou Brahim	880	
	Ighil Yor	557	
	Tazerout	639	

Du jour de sa création, c'est-à-dire du 27 avril 1876, le siège de la commune mixte de Gouraya fut fixé à Cherchel. M. Bastard, le premier des administrateurs qui fut nommé à ce poste, installa provisoirement ses bureaux en ville et quelques mois après, pris possession de l'ancien bureau arabe, en dehors de la ville, à la sortie de la porte d'Alger, qui est actuellement la résidence de l'administrateur et où se trouvent les services communaux.

Vers le mois de juin 1877, la résidence fut changée et le siège de la commune mixte de Gouraya fut transporté à Gouraya même. Mais cette nouvelle combinaison ne pouvait pas durer et en janvier 1880, l'administration civile reprenait possession de son ancien local et revenait à Cherchel.

Ce nouveau changement fut motivé par la création du village de Marceau qui, par sa situation à l'est de la commune mixte, en déplaçait pour ainsi dire le centre. En effet, la résidence de Gouraya mettait les nouveaux colons de Marceau à une distance de soixante kilomètres du siège de la commune mixte.

Au point de vue judiciaire la commune mixte de Gouraya fait partie du canton de Cherchel et ressort de l'arrondissement judiciaire de Blida.

III. — Colonisation. — Historique.

Dès 1853, l'autorité militaire avait signalé différents points de la région où la colonisation européenne devait se porter.

Parmi ces points, nous relevons : l'oued Reha, aujourd'hui Gouraya, l'oued Mellah, actuellement Villebourg, et enfin l'oued Damous.

En 1865, des rapports spéciaux, établis par la même autorité, concluaient à la création de ces trois centres, mais en faisant remarquer que les dépenses d'installation et surtout d'acquisition des terres seraient très importantes.

Jusqu'après la guerre de 1870-'871, la question de colonisation reste absolument dans le même état, et sur les territoires, devenus plus tard la commune mixte de Gouraya, l'élément européen n'avait pas encore pénétré, lorsque éclata la grande insurrection de 1871 qui eut son écho dans la région de Cherchel.

Cet événement important, suivi de l'apposition du séquestre sur les biens des révoltés, marque le point de départ de l'expansion de la colonisation européenne dans la commune mixte.

C'est alors que le séquestre vient procurer à l'Etat les ressources territoriales importantes qui vont lui permettre de réaliser certaines créations projetées depuis de longues années.

Les Beni Menasser abandonnent un périmètre de 1,700 hectares à El Gourine pour se racheter du séquestre ; les Gouraya et Aghbal abandonnent 2,000 hectares à Gouraya et les Larhat 600 hectares à l'Oued Mellah.

L'autorité militaire entreprend, en 1874, la création du village de Gouraya, devenu depuis, avec le douar du même nom, une commune de plein exercice assez florissante, et en 1880, celle de Fontaine-du-Génie. Viennent ensuite les créations, par l'autorité civile, des centres de Marceau et de Villebourg en 1881.

Ces villages sont aujourd'hui complètement assis et peuplés ; chacun d'eux va faire l'objet d'un paragraphe distinct.

IV. — Notice sur chacun des trois centres de colonisation.

Fontaine-du-Génie.

Le centre de Fontaine-du-Génie est désigné par les indigènes sous le nom de « Hadjer ou Nouss » (la pierre du milieu), du nom d'un îlot qui se trouve en face du village et à mi-chemin, exactement, entre Cherchel et Gouraya. Ils l'appellent aussi « Tamsida » du nom du terrain sur lequel il est bâti. Les européens l'appellent ordinairement « le Granit » en raison des carrières qui existent dans les environs et dont les Romains tiraient de magnifiques colonnes dont un des plus beaux échantillons est le monolithe mesurant dix mètres de hauteur sur un mètre de diamètre moyen pesant 30,000 kilogrammes, qui a été érigé sur la place publique.

Le centre de Fontaine-du-Génie a été installé au bord de la mer, sur la route de Gouraya à Cherchel, à distance égale de ces deux centres (15 kilomètres), au point où le génie militaire avait fait construire, depuis longtemps une fontaine abreuvoir.

La superficie de ce territoire est au total de 222 hectares, 26 ares, 70 centiares. Le peuplement du village eut lieu au mois d'octobre 1880. A cette époque, six familles de la Charente venues en Afrique à la suite de l'invasion de leur pays par le phylloxera ont été installées sur cinq concessions entières et une concession industrielle. Trois concessions entières et cinq concessions industrielles furent attribuées à des familles algériennes.

On put remarquer, à cette époque, qu'aucun d'eux ne manifesta l'intention de réclamer son titre définitif de propriété après la troisième année de résidence ; cepen-

dant, tous, sans exception, se trouvaient dans les conditions requises par l'article 25 du décret du 30 septembre 1878.

La population de Fontaine-du-Génie se compose de
vignerons sérieux et travailleurs, possédant tous des
ressources et c'est incontestablement là la véritable
cause de la prospérité du centre.

Son territoire n'est susceptible d'aucun agrandissement et le rôle de l'administration est aujourd'hui absolument terminé dans ce petit centre qui est en pleine
voie de prospérité.

Sa situation au bord de la mer, dans une région des
plus salubres, à 7 kilomètres de Novi, sur une route très
fréquentée, ses plantations de vigne dans un sol qui se
prête merveilleusement à cette culture, l'élément de
population qui le compose, tout, en un mot, a contribué
à faire du hameau de Fontaine-du-Génie un des plus
charmants villages de la région.

Marceau.

Ce village est désigné par les indigènes sous le nom de
Bouchouaoun, du nom de la rivière qui coule à ses pieds.
Il est appelé quelquefois aussi la Zaouïa à cause de
l'établissement religieux très important qui existait
autrefois, dans les Beni Menasser, à peu de distance du
village.

Ce centre, situé en plein cœur des Beni Menasser de
Cherchel, a été créé en 1881, sur un territoire provenant
pour la plus grande partie des biens séquestrés aux
indigènes des Beni Menasser Cheragas (El Gourine), et
son peuplement date de la fin de cette même année.

En 1872, lors de l'apposition du séquestre dans les
Beni Menasser, l'autorité militaire avait assuré la dispo-
nibilité d'un périmètre de 1,700 hectares à El Gourine,

pour servir à la création d'un village européen sur ce point.

Plus tard, en 1878, une commission des centres constata de nombreux inconvénients à cette création. L'autorité supérieure renonça au projet élaboré par l'autorité militaire et fit entreprendre des études pour rechercher, dans le douar El Gourine, un territoire plus propice.

Marceau occupe actuellement une superficie de 1,541 hectares.

Son peuplement s'est effectué très difficilement à cause de l'insalubrité. Au début l'administration avait résolu d'installer, comme partout ailleurs, un tiers de familles algériennes pour deux tiers de familles de la métropole.

Ces dernières ne tardèrent pas à être cruellement éprouvées par le climat et plusieurs d'entre elles abandonnèrent le pays.

Les terres de Marceau sont généralement de qualité moyenne et conviennent aux cultures de toutes sortes. Les céréales y sont cultivées avec succès par certains colons. La vigne réussit parfaitement dans plusieurs endroits.

Les eaux d'alimentation et d'irrigation sont très abondantes à Marceau et ont permis aux colons la création de jardins potagers où tous les légumes réussissent admirablement.

Les débuts du village de Marceau ont été, comme nous l'avons dit plus haut, assez difficiles en raison des fièvres paludéennes qui sont venues assaillir les premiers colons.

Le danger n'est point encore tout à fait écarté mais l'on constate qu'actuellement la situation est bien meilleure.

Une plantation de six cents eucalyptus protège le village contre les émanations malsaines de la rivière toujours très dangereuses en été.

On a découvert à Marceau du lignite qui paraît exploitable. Ce combustible se trouve à peu de distance de carrières de sable fin de qualité supérieure essentiellement propre à la fabrication du verre.

Ces deux éléments d'une industrie se rencontrant sur le même point, peuvent devenir une cause de prospérité pour le centre de Marceau.

Villebourg.

Ce village est connu par les indigènes sous le nom de « Trifa » de l'endroit même où il est assis, ou bien encore sous le nom de « Oued Mellah » de la rivière qui coule à peu de distance.

Le centre de Villebourg a été installé dans la tribu des Larhat, sur le bord de la mer, à cheval sur le chemin de grande communication n° 1; il se trouve à 12 kilomètres de Gouraya et à 42 de Cherchel.

Son territoire occupe une superficie de 700 hectares environ.

La tribu des Larhat avait abandonné ce périmètre en 1873, pour se racheter du séquestre collectif apposé sur son territoire.

Le peuplement de Villebourg a été effectué au mois d'octobre 1881. Au début de l'installation aucun colon venant de France ne quitta le pays, tous sans exception se mirent à l'œuvre avec courage et firent de Villebourg un village qui promettait de devenir florissant.

Les terres de Villebourg sont loin de valoir, comme qualité, celles de Gouraya et Fontaine du-Génie; le territoire est très accidenté et coupé de ravins profonds. Les terres, en maints endroits, maigres et rocheuses, ne conviennent pas du tout à la culture des céréales. Fort heureusement le choix des colons de la métropole fut excellent; plusieurs d'entre eux possédaient des ressources sérieuses qu'ils employèrent immédiatement à d'importantes plantations de vignes. Chaque colon possède un petit jardin irrigable d'une superficie de 8 à 10 ares.

Les colons de Villebourg sont à peu près tous dans une situation relativement aisée; les maladies ne les ont point éprouvés comme à Marceau et leur situation matérielle et morale est très satisfaisante.

La tribu des Larhat qui entoure le périmètre de colonisation est composée de bons travailleurs parmi lesquels les colons recrutent assez facilement des auxiliaires qui leur sont très utiles pour leurs cultures.

V. — Commerce.

Les seules transactions commerciales des trois centres de colonisation dans la commune mixte de Gouraya consistent dans la vente des vins chaque année après les récoltes.

A part quelques rares colons qui ont en France des correspondants à qui ils expédient leur vin, les autres se voient forcés de livrer leur récolte en passant par l'intermédiaire des courtiers ou négociants d'Alger qui les leur enlèvent à des prix, la plupart du temps, absolument dérisoires.

Cette situation n'est assurément pas faite pour encourager les colons qui ont renoncé, pour cette année du moins, à agrandir leurs vignobles.

Les colons de Marceau sont à ce point de vue, dans une situation exceptionnellement digne d'intérêt.

En effet, le centre de Marceau, dont l'isolement éloigne les négociants sérieux en vins, aurait besoin, plus que tout autre, qu'une combinaison quelconque intervienne. Par exemple, un dépôt permanent d'échantillons de vins et alcools dans un local fourni par l'administration et situé à Alger rendrait certainement de grands services. Gratuité pour les exposants, groupement par village, canton, dégustation journalière, et réunion facultative, tous les dimanches, pour les négociants et les colons, comme dans un marché ordinaire.

La création de syndicats pour favoriser la vente des vins d'Algérie en France, et surtout à Paris, serait encore un des moyens les plus efficaces pour tirer la plus grande partie des colons de la région d'une situation qui, avec la mévente des vins, tend à devenir d'année en année, plus critique.

Nous aurons, du reste, dans un chapitre spécial, l'occasion de revenir sur la viticulture qui est pour la commune de Gouraya, comme pour l'Algérie entière, une question d'une importance primordiale et d'un intérêt capital.

VI. — Industrie.

Il existe depuis quelque temps, dans le centre de Fontaine-du-Génie, une industrie qui n'a pas, jusqu'à présent, pris une très grande extension, mais qui pourra dans la suite, devenir d'une très grande importance. C'est le façonnage de pavés de granit destinés au pavage des rues, et la confection de gros morceaux du même granit, bien supérieurs, pour les constructions, à la pierre de taille ordinaire et même au granit de Saint-Raphaël.

Il existait avant 1891, dans les environs du centre de Villebourg des usines de plâtre et des fabriques d'huile, mais depuis le tremblement de terre du 15 janvier 1891 ces usines ne fonctionnent plus.

Nous devons signaler encore deux fabriques d'huile situées l'une dans le douar Aghbal, l'autre dans le douar Beni Milouk. Ces industries constituent, pour les indigènes des douars avoisinants, une ressource importante et capitale. La production moyenne, annuelle de ces usines est : de 50 à 60,000 litres.

Verreries algériennes de Marceau.

Les verreries algériennes de Marceau ont été fondées l'année dernière par M. Amédée Masselin, ingénieur, ancien secrétaire du général Morin, au Conservatoire des Arts et Métiers et, qui, pendant seize ans a apporté son concours effectif au développement et au perfectionnement de l'industrie du verre en France.

La société est propriétaire à Marceau de quatorze hectares de terrains, contenant des carrières de sables siliceux, blancs, jaunes, rouges et violets, dont l'analyse a donné 98.85 de silice pure, richesse chimique, qui ne peut être mieux comparée qu'à celle des sables de Fontainebleau, reconnus comme étant les sables siliceux les plus purs de France.

L'importance de ces carrières, qui est de plus de quatre hectares sur une hauteur moyenne de cent quarante mètres, représente ainsi *six millions sept cent soixante-seize mille mètres cubes* de sables siliceux, ce qui permet de dire que ces carrières sont inépuisables.

Les montagnes voisines de l'usine sont entièrement boisées et permettront de pouvoir chauffer les fours au bois, chauffage reconnu le meilleur pour l'industrie du verre.

En outre, une mine de charbon à l'état de lignite sur une longueur de plusieurs kilomètres pourra assurer le combustible minéral.

Enfin, des captations d'eau sur un débit de la source dite Aïn Tahament et sur l'oued Zélazel, assureront l'eau nécessaire aux besoins de l'usine et à ceux de la cité ouvrière.

Ajoutons que les terrains de la société, situés à vingt lieues d'Alger et à proximité du petit port de Cherchel, contiennent encore des pierres de construction, des calcaires à chaux et des terres argileuses servant à la fabrication des briques.

L'usine de Marceau comprend actuellement deux fours à bouteilles avec bassin double pour les fabrications de teintes différentes, et pouvant donner une production annuelle de trois millions et demi de bouteilles.

A ces fours à bassins chauffés au gaz, viennent s'ajouter une poterie et ateliers de fabrication de pièces réfractaires; une forge et ateliers d'ajustage; une menuiserie et une caisserie; un tordoir de matières vitrifiables; un atelier de gravures sur bouteilles; une vaste briqueterie en pleine activité pour la fabrication des briques; des fours à chaux assurent également cette matière.

Le personnel employé dans l'usine de Marceau comprendra sous peu environ 100 ouvriers français et 50 manœuvres (arabes et kabyles); or, la population d'un pays s'évalue habituellement, pour tenir compte des femmes et des enfants, en multipliant par quatre le nombre de travailleurs; c'est donc une colonisation de 400 personnes, que M. Masselin, par le fait de sa création industrielle, apporte à l'Algérie.

Si l'on y joint les colons résidant déjà à Marceau, et qu'on tienne compte de la venue à poste fixe des différents commerçants attirés par le fait de la création de l'usine, on peut prévoir et espérer que Marceau est appelé, dans un temps prochain, à devenir un des centres les plus prospères du département d'Alger.

L'inauguration de l'usine a eu lieu solennellement le 6 octobre 1895.

VII. — Agriculture.

Cultures fourragères.

Il existe environ 70 hectares de prairies naturelles dans les trois centres de colonisation de la commune mixte de Gouraya. Le rendement moyen est, à peu près, de 8 quintaux à l'hectare. Le prix moyen du fourrage est de 5 francs le quintal.

Froment.

Cette culture est d'une importance presque nulle dans les centres, principalement à Marceau. Le peu de froment qui y est cultivé donne un rendement de 7 à 8 hectolitres à l'hectare.

Céréales diverses.

L'orge, les fèves, le maïs et les lentilles sont peu cultivés dans nos centres. Toute la production se consomme sur place.

L'olivier.

On peut évaluer à une quinzaine d'hectares la superficie couverte d'oliviers dans les trois centres. Ces arbres sont en plein rapport, et leur produit est vendu aux indigènes.

Orangers et citronniers.

Les orangers et les citronniers ne constituent pas une culture dans le vrai sens du mot. Plusieurs colons, dans chaque centre, possèdent, dans leurs lots de jardin, un nombre plus ou moins important d'orangers et de citronniers dont ils ne font pas le commerce mais qu'ils gardent pour leur consommation. L'espèce dominante est l'orange de grosseur moyenne, de qualité ordinaire, assez juteuse, mais d'écorce assez épaisse. Les citronniers sont moins nombreux, les produits sont de petite grosseur, mais généralement très juteux.

Culture maraîchère.

Les colons eux-mêmes s'occupent de cette culture. Leurs jardins sont complantés de légumes de diverses espèces destinés à être consommés sur place par leurs propriétaires.

Arboriculture.

L'arboriculture laisse beaucoup à désirer dans la commune mixte de Gouraya. Les essences les plus particulières à la région sont le poirier, le néflier, le figuier, le caroubier, le jujubier, le noyer, l'amandier et l'abricotier.

Plantes industrielles.

Une seule plante industrielle est exploitée dans la commune mixte de Gouraya, c'est le palmier nain destiné aux usines de Cherchel, Gouraya, Marceau qui se livrent à la fabrication du crin végétal.

Viticulture.

La vigne représente évidemment la culture la plus importante à laquelle se livrent les colons de la commune mixte de Gouraya. Le nombre d'hectares plantés en côteau s'élève à 140 environ, en plaine à 100. Les principaux cépages cultivés sont le Carignan, Morastel, Grenache, Petit Bouschet, Aramon, Cinsaut et la Clairette.

Aucune trace phylloxérique n'a, jusqu'à ce jour, été constatée sur le territoire de la commune mixte. Ainsi que nous le disions plus haut, la situation qui est faite aux colons par suite de la mévente des vins leur fait désespérer de l'avenir.

La vigne est la seule culture avantageuse et possible pratiquement dans les trois quarts des terrains algériens, surtout en montagnes. Elle est la seule qui puisse faire vivre la plus grande partie des villages d'Algérie, à l'exception de ceux en plaine. L'abandonner, serait se condamner à la disparition de nos centres. L'administration qui a créé, à grands frais, ces villages, a donc un intérêt capital à empêcher leur déchéance. La création de syndicats pour la vente des vins d'Algérie en France, des locaux de dégustation et la faculté pour les colons de distiller librement leurs vins pour que, au cas où ils ne pourraient vendre avantageusement leurs récoltes, ils puissent la convertir en eaux-de-vie et en tirer parti, seraient des moyens qui pourraient certainement donner de bons résultats et les aider à sortir d'une situation critique qui, selon toutes prévisions, ne peut qu'empirer d'année en année.

VIII. — Travaux publics.

Le village de Marceau est établi sur la rive gauche de l'oued Bouchouaoun, rivière assez importante qui coule en toutes saisons. Les terrains de colonisation sont situés sur les deux rives du cours d'eau et les propriétaires des lots de la rive droite étaient obligés de passer l'oued à gué pour se rendre sur leurs concessions, car il n'existait aucun pont reliant les deux berges. L'enlèvement des récoltes et les transports agraires s'effectuaient de la même manière.

Mais la circulation, déjà très difficile et même dangereuse au moment des basses eaux, devenait absolument impossible pendant une grande partie de l'hiver où les crues sont fréquentes et très abondantes.

Les colons habitant Marceau se voyaient souvent obligés d'attendre plusieurs jours la baisse des eaux avant qu'il leur fut possible de passer la rivière et de cultiver leurs propriétés, tandis que quelques autres, établis sur la rive droite, restaient sans communications, quelquefois sans provisions, pendant des semaines entières.

Il a donc été de toute nécessité de songer à relier les deux rives de l'oued Bouchouaoun par un pont solide, permettant non seulement aux colons de se rendre sur leurs concessions, en temps opportun, mais pouvant encore supporter les transports quelquefois assez lourds de l'agriculture.

L'administration locale fit donc étudier et établir, en 1892, un projet qui consistait dans la construction d'un pont en fer, sur culées en maçonnerie.

C'est ce projet qui, grâce à la sollicitude de l'administration supérieure, vient d'être exécuté et qui est actuellement terminé.

M. le Gouverneur général faisait, en effet, notifier à l'administration locale, en mars 1894, qu'après quelques modifications du projet présenté, la dépense s'élèverait à 12,000 francs en nombre rond, y compris une somme de 2,600 francs pour l'ouverture d'un chemin d'accès aux abords du pont.

D'après le devis, que l'autorité locale avait présenté en 1892, à l'appui de sa demande de subvention, la dépense était de 6,050 francs; la différence entre les deux évaluations provenait de ce que la commune mixte avait prévu pour la passerelle, une largeur de 2m 80 au lieu de 3m 50 proposée par MM. les Ingénieurs et de ce que le projet communal ne faisait pas mention du chemin d'accès.

En ce qui concerne la partie métallique de la passerelle, MM. les Ingénieurs ont été d'avis d'accepter les propositions de la Société des Ponts et Travaux en fer qui a offert de l'exécuter pour un prix forfétaire de 3,150 francs.

Suivant l'avis émis par M. l'Inspecteur général des services de colonisation, M. le Gouverneur général a décidé que la commune mixte de Gouraya aurait à faire établir, à ses frais, le chemin d'accès dont la dépense était évaluée à 2,600 francs, ce chemin pouvant être fait au moyen des prestations, et que de son côté, l'État ferait entièrement face à la construction du pont, soit à une dépense de 9,400 francs.

Suivant la décision de M. le Gouverneur général, la commune mixte a pris à sa charge la confection du chemin d'accès aux abords du pont, chemin qui est aujourd'hui entièrement ouvert.

IX. — Plantations.

Le centre de Marceau a été, en raison de sa réputation d'insalubrité malheureusement justifiée, l'objet de soins spéciaux au point de vue des plantations publiques.

Toutes les rues du village, ainsi que les boulevards, ont été plantés d'arbres de diverses essences, mais en raison de l'abondance des eaux d'irrigation et aussi à cause de la nature des sous-sols, on a étendu, de préférence, le platane qui prend, dans cette région, un développement remarquable.

Le boulevard qui longe la rivière a été planté en eucalyptus qui forment un massif important.

Il est inutile de démontrer que les plantations de Marceau ont modifié l'état de salubrité de la région. La situation laisse encore à désirer, mais il sera difficile, à cause de la rivière qui passe dans le périmètre urbain du village, d'arriver à assainir complètement cette région. Il serait pour cela nécessaire de faire des travaux en rivière fort coûteux, et que le budget communal fort restreint ne peut supporter. Le nombre des arbres existant actuellement dans le périmètre de Marceau s'élève à 6,800. Tous ces sujets proviennent de la pépinière créée dans ce centre et dont nous parlerons dans le paragraphe : « Pépinière » ci-après.

Dans le centre de Fontaine-du-Génie, très exposé aux vents de mer, les plantations ont été l'objet de soins particuliers, et certaines parties ont dû être replantées pour la troisième fois.

Les eucalyptus situés au bas de la place forment un brise-vent dont les colons apprécient l'utilité. Les autres essences : frênes, mûriers et platanes ont été plantées sur les boulevards extérieurs. La traversée du village est complantée en frênes.

Tous les arbres plantés à Fontaine-du-Génie proviennent de la pépinière de Marceau.

Le boulevard Nord est entièrement planté ; il reste encore à achever les plantations de la moitié des boulevards Est et Ouest, après quoi, il ne restera plus qu'à entretenir ces importantes plantations qui couvriront à Fontaine-du-Génie, toute la surface susceptible de recevoir des arbres.

Le centre de Villebourg est situé au bord de la mer, dans un site très pittoresque.

Les indigènes du Douar Larhat très versés dans la culture des arbres fruitiers avaient créé, dans ces parages, des jardins qui sont devenus la propriété des colons.

La place centrale de Villebourg et la plus grande partie des rues du village sont complantées en diverses essences : frênes, platanes et acacias. Un massif d'eucalyptus a été créé aux alentours du lavoir et une certaine quantité d'arbres ont été plantés dans la cour et en dehors du réduit défensif.

Le chemin rural n° 1 qui va du village à la mer a été complanté sur la totalité de son développement.

Une conduite destinée à amener les eaux d'irrigation au village a été construite en 1890-1891 amenant de 2 kilomètres 500 environ, une eau abondante. Grâce à cet élément les plantations ont bien réussi à Villebourg, dont le climat, du reste, est éminemment propice à l'arboriculture.

————— ✠ —————

X. — Pépinière.

———

Renseignements généraux.

Le centre de Marceau est situé dans une gorge assez étroite qui donne à ce pays un excès d'humidité considérable. La végétation y est par suite très forte, l'eau en abondance et la terre, en certains endroits, d'excellente qualité. Ces conditions éminemment favorables, ont déterminé à créer, sur ce territoire, une pépinière destinée à fournir les arbres nécessaires aux plantations publiques et qui jusqu'alors étaient reçus à grands frais et risques des pépinières de Boufarik et d'Alger.

C'est au mois d'octobre 1884 que s'exécutèrent les premiers travaux sur un lot d'une contenance de 1 h. 40 a., contigu au périmètre urbain du village, et placé, au point de vue de l'irrigation, dans toutes les conditions désirables.

Entièrement couvert de broussailles, palmiers-nains, lentisques et bruyères, le lot était entièrement défriché en 1886, et cette année là commençaient les délivrances de sujets dont les semis avaient été faits en 1884.

Services rendus par la pépinière.

Depuis cette époque, il a été fait annuellement des livraisons d'arbres de toutes sortes.

De 1884 à 1891, il a été délivré : 6.605 arbres ;

En 1892, de Janvier à Mars, il a été délivré 1.100 arbres, et en 1893 : 1.800 sujets.

Tous ces produits ont été livrés dans la région, à des prix excessivement bas, que la Commission Municipale a tenu à fixer à ce taux pour encourager les colons européens et les indigènes aux travaux de plantations.

Le chiffre des délivrances indique que le but que s'est proposé l'Assemblée Municipale a été largement atteint.

Le tarif de vente actuellement en vigueur, est le suivant :

	Fr. C.
Eucalyptus, en pot..........................	0 15
Cyprès, —	0 75
Platane. selon le sujet, de 2 à 3 ans. 1, 1,50 et	2 »
Frêne, — — . 1, 1,50 et	2 »
Caroubiers, en semis de 2 ans . .... le 100 ...	4 »
Casuarina .... de 0,25 à	1 »

Arbres fruitiers.

Pommiers	
Mandariniers	
Orangers	
Néfliers.........	de 0 fr. 75 à 2 fr. selon le sujet.
Citronniers	
Abricotiers...........	
Poiriers	

La pépinière de Marceau n'a été créée que pour les essences forestières ; cependant, pour répondre aux demandes des colons des trois Centres de la Commune Mixte, il a été fait des plantations de fruitiers qui sont et resteront toujours limitées.

Les sujets demandés pour les services publics : Commune de Cherchel, Voirie, Ponts et Chaussées, etc., etc., sont livrés gratuitement.

Améliorations apportées à la pépinière.

Chaque année, de nouvelles plantations de boutures, remplacent, dans les différents carrés, les sujets livrés aux particuliers ou aux services publics.

Cette année, en raison de la prévision de la création future du village de Dupleix (Oued Damous), l'autorité locale a cru utile d'étendre ses plantations en boutures, pour parer à tous les besoins. C'est ainsi qu'il a été planté 2.000 boutures de platane et 800 boutures de mûrier.

Les autres semis des plantations ont porté sur casuarinas, eucalyptus, frènes et acacias.

Champ d'expériences.

Il a été créé en 1886, un champ d'expériences pour les viticulteurs. Il a une superficie de quarante ares environ et contient quinze qualités de cépages, savoir : Le Carignan, le Pineau, le Cinsaut, l'Alicante, le petit Bouschet, le Grenache, le Mourvèdre, le Pique-poule, l'Œillade, le Raisin blanc, le Chasselas, la Clairette, l'Ugni blanc, le Muscat romain et diverses variétés arabes, telles que : l'Ameur bou Ameur, le Fernana noir et le Fernana blanc.

Les travaux annuels sont effectués avec soins et après la taille, les sarments, divisés par espèces, sont mis à la disposition des colons viticulteurs.

Toutes les plantations faites dans les centres de Marceau, Villebourg et Fontaine-du-Génie ont été effectuées avec des sujets provenant de la pépinière communale, et il nous a été permis, depuis deux ans, de faire cette constatation satisfaisante que les chefs indigènes sollicitaient des livraisons d'arbres forestiers qu'ils plantent autour de leurs bordjs et qu'ils soignent d'une façon toute particulière.

Pépinière de Marceau.
Inventaire du 31 mai 1898

ARBRES FORESTIERS :

Platanes de 3 à 4 ans	274
— de 2 à 3 ans	287
— boutures de l'année	2.600
Mûriers de 1 à 2 ans	200
— boutures de l'année	800
Casuarinas de 2, 3, 4 ans	500
— semis de l'année	1.800
Caroubiers de 2 à 3 ans	200
— de 1 à 2 ans	500
Eucalyptus de 2 à 3 ans	1.000
— de 1 an	2.000
Frênes de 3 ans	50
— de 1 an	2.000
Pins du Nord de 3 à 4 ans	31
Cyprès pyramidaux de 4 à 5 ans	150
— de 2 à 3 ans	100
Acacias, semis de l'année	50
Massif d'eucalyptus	200
Arbres fruitiers	»
Orangers greffés de 2 à 4 ans	21
Citronniers de 2, 3 et 4 ans	233
Poiriers greffés de 1 à 3 ans	39
Pommiers greffés de 1 à 3 ans	11
Pruniers de 3 à 4 ans	50
Palmiers-dattiers de 3 à 6 ans	5
Arganiers de 3 à 6 ans	8
TOTAL des sujets	13.109

XI. — Cultes.

Le service du culte catholique est assuré dans le centre de Marceau par le curé de Zurich et dans celui de Villebourg par le curé de Gouraya plein exercice. Aucune rétribution supplémentaire n'est allouée à ces ecclésiastiques.

L'église de Marceau est située dans l'enceinte du réduit défensif du village. Celle de Villebourg a été installée dans un ancien baraquement construit par les ponts et chaussées à l'époque du tremblement de terre de 1891, et est placée sur la place centrale du village.

XII. — Instruction publique.

Il n'y a dans le centre de Fontaine-du-Génie que cinq garçons et cinq filles en âge de fréquenter l'école. Étant donné ce nombre restreint d'enfants, aucune école n'a été créée dans ce centre.

L'enseignement à l'école mixte de Villebourg est donné par une institutrice. Le logement de l'institutrice et les salles d'études sont situés dans l'enceinte du réduit défensif. La bibliothèque scolaire communale renferme 120 volumes. Le mouvement annuel est, en moyenne, de 30 volumes et le nombre approximatif des lecteurs peut être évalué à 15.

A Marceau comme à Villebourg l'école est mixte, l'instruction est donnée aux enfants par une institutrice. Son logement et les salles de classe sont également situés dans le réduit défensif du village, 35 volumes constituent la bibliothèque scolaire communale.

Les deux écoles de la commune mixte de Gouraya, ont, comme on le voit, une importance relative. L'enseignement est laïque. Ces écoles ont été créées peu après le peuplement de ces centres.

XIII. — Centres à créer.

DUPLEIX. — *(Oued Damous) douar Damous.*

Le territoire de colonisation nécessaire à la formation du périmètre de Dupleix est constitué.

L'autorité locale ne peut que faire des vœux pour que le peuplement du centre de Dupleix ait lieu le plus tôt possible.

La question de communications a, jusqu'ici, été un obstacle à la création du village ; mais aujourd'hui, à la suite des travaux effectués par la voirie départementale sur le chemin de grande communication n° 1, il devient possible d'entrer dans la période effective de création.

Actuellement, c'est-à-dire en octobre 1895, le captage des deux sources est en partie, achevé ; la tranchée de la conduite d'eau est ouverte sur 500 mètres environ, entre l'Aïn Martloum et l'Aïn Akekal.

L'entrepreneur a terminé son installation et celle de son personnel ; il a approvisionné la pierre, le sable, la chaux, les tuyaux de la conduite et quelques bordures de trottoirs ; il est prêt à commencer l'emploi de tous ces matériaux.

Tout récemment une commission nautique s'est transportée à Dupleix pour étudier la question du débarcadère à construire.

REZLIA. — *Douar Beni Mileuk.*

La création de ce centre a été approuvée, en principe, par décision gouvernementale du 22 Novembre 1886, n° 8.095. En suite de cette décision, la Commission des centres de l'arrondissement se transportait sur les lieux et procédait à une reconnaissance générale du territoire. De son rapport, il ressortait que la création du centre de Rezlia, en effectuant les travaux des trois catégories, constituerait une dépense de 1.344.500 fr. D'autre part, il y avait lieu, pour rendre le territoire disponible, de faire l'acquisition, à prix d'argent, de 940 hectares au prix moyen (en 1887) de 15) fr. l'hectare, ces terrains étant occupés par des indigènes de deux fractions, Rezlia et Choulla, qui se sont toujours refusés à la cession amiable de leurs terres.

Dans ces conditions, la création de Rezlia bien qu'ayant une certaine importance, au point de vue politique, ne nous paraît pas réalisable avant longtemps, et quelle que soit l'époque où cette création entrera dans les vues de l'administration supérieure, il y aura lieu de recourir à l'expropriation.

TOUARÈS. — *Douar El Gourine.*
(TERRITOIRE NON CONSTITUÉ)

Par une décision du 3 juillet 1893, n° 5,739. M. le Gouverneur général a adopté les conclusions d'un rapport de l'administration locale tendant à l'abandon du projet de création du centre de Touarès.

Deux raisons principales amenait l'autorité locale à formuler l'abandon de ce projet de création.

La première était le peu de salubrité dont jouit la région.

La seconde raison consistait dans la nature du sol. La dénomination de « Touarès » indique, en effet, ce qu'est la terre. Ce mot signifie en berbère : « terre glaise. »

Dans de telles conditions aussi désavantageuses à tous les points de vue, le projet de création du centre de Touarès a été définitivement abandonné.

Beni Habiba. — *Douar Sidi Simiane.*

Le projet de création de ce centre figurait au programme général élaboré en 1882. Depuis cette époque ce projet a été classé dans ceux de dernière urgence.

Il n'existe, en effet, pas de route aboutissant sur les terrains indigènes qui doivent former le périmètre de ce centre et les dépenses, pour accéder au chemin de grande communication, ont été évaluées à 120,000 fr.

Ce qui rend la réalisation de ce projet difficile, sinon impossible, c'est, là encore, le refus des indigènes de céder leurs terres, soit à prix d'argent, soit par voie de compensations territoriales.

D'un autre côté, la vallée de l'oued Messelmoun est malsaine et, bien que l'emplacement choisi pour l'assiette même du centre, soit en élévation sur la rive droite de la rivière, nous n'affirmerions pas qu'il ne serait pas exposé aux émanations paludéennes. C'est donc un projet à ajourner indéfiniment.

Observations générales

Le territoire de la commune mixte de Gouraya est, en majeure partie, composé de terres absolument impropres à la colonisation. Le sol en est tourmenté, raviné et escarpé et ne saurait, ainsi que cela a été dit, se prêter aux méthodes agricoles des européens.

Les créations de Marceau, dans le douar El Gourine, de Fontaine-du-Génie, dans le douar Sidi-Simiane, de Villebourg, dans le douar Larhat et de Dupleix, dans le douar Damous, représentent le maximum des prélèvements qui pouvaient être effectués sur le territoire de la commune mixte.

Le manque de voies de communication et les fortes dépenses à engager pour les ouvrir, la cherté des terres et l'obstination des indigènes à refuser tout déplacement par voie de compensations territoriales, nous font conclure à l'abandon des projets étudiés en vue de la création des centres de Rezlia, dans le douar Beni bou Mileuk, Touarès, dans le douar El Gourine et Beni Habiba, dans le douar Sidi Simiane.

CHAPITRE IV

I. — Voies de communications

Routes nationales.

La seule grande route qui existe dans la commune mixte de Gouraya et qui est appelée à faire partie plus tard de la route nationale d'Alger à Oran, par le bord de la mer, est le chemin de grande communication n° 1, d'Alger à Mostaganem, sur lequel s'embranchent les chemins vicinaux ordinaires dont nous parlerons plus loin.

Cette route vient d'être récemment rendue carrossable jusqu'à l'emplacement du futur centre de Dupleix, le point terminus, à l'ouest de la commune mixte de Gouraya; il n'y a donc plus aujourd'hui de solution de continuité dans les territoires colonisés du bord de la mer, entre Cherchel et l'Oued Damous.

Cette voie a une importance incontestable au point de vue stratégique, et son achèvement a puissamment contribué au développement de la colonisation dans les centres de Fontaine-du-Génie et de Villebourg.

En effet, cette route dessert la riche et fertile région de Cherchel-Gouraya sur près de 60 kilomètres de développement.

Chemins vicinaux ordinaires.

On compte dans la commune mixte de Gouraya cinq chemins vicinaux ordinaires, savoir :

1° Le chemin vicinal ordinaire n° 1 de Villebourg, aboutissant à Bou-Ische, dans le douar Aghbal, passant dans le douar Larhat à El Keria et aux Beni Ouarkchen; son développement est de 20 kilomètres approximativement. Il est carrossable sur une longueur de 3 kilomètres, la piste muletière se développe sur 17 kilomètres environ.

2° Le chemin vicinal ordinaire n° 3 de Villebourg à Rezlia, dans le douar Beni bou Mileuk. Il passe dans le douar Damous aux Beni Hatita, Riggou et Ighil Ouzerou; dans le douar Zatima, aux Oulad Aïssa ou Brahim, et au moulin Gauthier dans le douar Beni Mileuk, pour aboutir à Rezlia.

Ce chemin est destiné à relier la mer au chemin de fer par les montagnes.

Son développement est de 35 kilomètres dont 8 carrossables et 27 muletiers.

3° Le chemin vicinal ordinaire n° 4 de Gouraya à Marceau, passant par Souk-es-Sebt, dans le douar El Arbaâ, à Souk el Hâad, dans le douar Sidi Simiane et aboutissant à Marceau dans le douar El Gourine.

C'est le plus long des chemins vicinaux ordinaires ; son développement est de 80 kilomètres dont 12 environ carrossables, le reste est une piste muletière.

4° Le chemin vicinal ordinaire n° 5 de Marceau à Cherchel, passant par Souk el Hâad, traversant les douars El Gourine et Sidi Simiane.

Son développement est de 16 kilomètres muletiers.

5° Enfin le chemin vicinal n° 6 de Marceau à Bordj el Khemis et au chemin de grande communication n° 6 qui n'a qu'un développement de 3 kilomètres entièrement carrossables et qui traverse le territoire de Marceau.

La largeur moyenne actuelle de tous ces chemins est de 3 mètres, sauf le chemin n° 6 qui a 6 mètres de largeur.

Tous ces chemins ont été classés par décision de la Commission départementale, en date du 2 Juillet 1885.

Le tableau ci-joint, accompagné d'une carte, donne toutes les indications nécessaires relatives aux chemins vicinaux ordinaires de la Commune mixte.

TABLEAU GÉNÉRAL des chemins vicinaux

N.ᵉ DES CHEMINS	NOMS des CHEMINS	DESIGNATION	
		du point précis où le chemin commence	des lieux que le chemin traverse
1	De Villebourg à Bou-Ische par El-Kéria.	Chemin de grande communication n° 1 d'Alger à Mostaganem.	Douar Larhat, passe à El-Kéria et Beni Ouarkchen et douar Aghbal.
3	De Villebourg à Rez-lla pour pénétrer jus-qu'à Saint-Cyprien des Attafs.	De la mer à environ 10 kilo-mètres *ouest* de Villebourg sur le chemin de grande communica-tion n° 1.	Douar Damous, passe à Beni Halita Riggou, Ighil-Ouzerou (douar Zatima), Ouled-Aïssa-ben-Brahim et moulin Gauthier dans le douar Beni bou Mleuk.
4	De Marceau à Gou-raya par Souk es-Sebt et Souk-el-Hâad.	Marceau.	Souk-es-Sebt, Souk-el-Hâad et douar Beni Forah (El-Arbâa), Sidi Sinlane et El Gourine.
5	De Marceau à Cher-chel par Souk-el-Hâad.	Souk-el-Hâad.	Douar El Gourine et Sidi Si-nlane.
6	De Marceau à Bordj-el-Khémis et au chemin de grande communi-cation n° 6.	Marceau.	Territoire de Marceau.

ordinaires de la commune mixte de Gouraya.

au point précis où le chemin se termine	Longueurs en mètres sur le territoire de la commune	Largeur moyenne actuelle du chemin	Largeur légale entre fossés	OBSERVATIONS
Bou-Ische.	20.000	3 m 00	6 m 00	Actuellement chemin vicinal ordinaire n° 1, classé par décision de la commission départementale en date du 2 juillet 1885.
Dans la commune mixte jusqu'à Mezir.	35.000	3 m 00	6 m 00	Actuellement chemin vicinal ordinaire n° 3, classé par décision de la commission départementale en date du 2 juillet 1885.
Gouraya.	80.000	3 m 00	6 m 00	Actuellement chemin vicinal ordinaire n° 4, classé par décision de la commission départementale en date du 2 juillet 1885.
Chérchel.	16.000	3 m 00	6 m 00	Actuellement chemin vicinal ordinaire n° 5, classé par décision de la commission départementale en date du 2 juillet 1885.
Bordj El-Khemis.	3.000	6 m 00	6 m 00	Actuellement chemin vicinal ordinaire n° 6, classé par décision de la commission départementale en date du 2 juillet 1885.

Chemins ruraux.

Il existe dans le périmètre du centre de Fontaine-du-Génie, deux chemins ruraux : 1° le chemin rural n° 1, de la mer à Fontaine-du-Génie, d'une longueur de 240 mètres et de 4 mètres de largeur sur tout le parcours ; 2° le chemin rural n° 2, du chemin de grande communication n° 1 d'Alger à Mostaganem, au communal, lot n° 29 ; ce chemin a une longueur de 325 mètres sur 4 mètres de largeur sur tout le parcours.

Il y a également deux chemins ruraux dans le périmètre du centre de Villebourg ; 1° le chemin rural n° 3 du chemin vicinal ordinaire n° 2 à la plage qui a 208 mètres de développement sur 5 mètres de largeur sur tout son parcours. 2° Le chemin rural n° 4 du chemin de grande communication n° 1 au lot communal n° 4 ; La longueur totale de ce chemin est de 736 mètres sur 4 mètres de largeur sur tout le parcours.

Les chemins ruraux qui existent dans le périmètre du centre de Marceau, sont au nombre de 3, savoir :

1° Le chemin rural n° 5 des lots de vignes du chemin vicinal ordinaire n° 6 de Marceau à Zurich, à l'Oued Rouman ; La longueur totale de ce chemin est de 1.637 mètres sur 4 mètres de largeur sur tout son parcours.

2° Le chemin rural n° 6 des grands lots de culture, du boulevard Sud-Est du village aux lots de vignes ; La longueur de ce chemin est de 2.382 mètres, ayant sur un parcours de 135 mètres, une largeur de 5 mètres et sur le reste du parcours, soit sur 2.247 mètres, 10 mètres de largeur.

3° Le chemin rural n° 7, de la Zaouïa du boulevard Sud-Ouest du village à la limite du territoire ; ce chemin a un développement de 2.575 mètres et 4 mètres de largeur sur tout le parcours.

Au mois de novembre 1894 l'autorité locale a proposé le classement de neuf nouveaux chemins ruraux qui, avec les sept déjà classés, formeront le réseau rural de la commune mixte. Ce sont :

Le chemin rural n° 8, de l'oued Rouman (du chemin vicinal ordinaire n° 4) au chemin rural n° 8 *bis*.

Le chemin rural n° 9, de Souk el Hâad à Fontaine-du-Génie (du marché d'El Hâad au chemin d'intérêt commun n° 3).

Le chemin rural n° 10, de Souk el Hâad à Tizi-Franco (du chemin vicinal ordinaire n° 4 à la limite du douar El Gourine).

Le chemin rural n° 11, du marché d'El Arbâa au marché d'Aghbal.

Le chemin rural n° 12, de Gouraya à Tazerout (du chemin de grande communication n° 1 à Sidi Braham el Khouas).

Le chemin rural n° 13, des oliviers de Tarriste à Ighil-Ouzerou (du chemin de grande communication n° 1 au chemin vicinal ordinaire n° 3).

Le chemin rural n° 14, de Tazerout à Rezlia (chemin vicinal ordinaire n° 3) par les Oulad Aïssa ou Brahim.

Le chemin rural n° 15, du bordj de l'oued Damous, par les crêtes, aboutissant à Rezlia (chemin vicinal ordinaire n° 3).

Le chemin rural n° 16, de Rezlia (chemin vicinal ordinaire n° 3) à Adouïa (limite du douar Beni Mileuk).

Enfin le chemin rural n° 17, du chemin vicinal ordinaire n° 6 au boulevard Sud de Marceau, traversant l'oued Bouchouaoun. (Décision préfectorale en date du 17 septembre 1895).

En outre de ces chemins, il existe encore cinq chemins ruraux dans divers douars de la commune mixte. Ce sont : 1° celui qui part du Marché des Femmes du Vendredi, dans le douar Damous, passant aux Beni Hatita à Roff et rejoignant le chemin vicinal ordinaire n° 3, presque sur la limite du douar Beni Mileuk ; Le développement de ce chemin est d'environ 10 kilomètres et sa largeur de 5 mètres.

2° Le chemin partant de Tazerout dans le douar Zatima, passant à Bou Hannou et aboutissant aux Ouled Aïssa ou Braham ; il a une longueur approximative de 9 kilomètres sur 5 mètres de largeur.

3° Le chemin rural partant de Soulaya et aboutissant au marabout de Sidi-Yahia, dans la fraction des Beni Nador ; ce chemin a environ 1 kilomètre de longueur et 4 mètres de largeur.

4° Le chemin partant du chemin vicinal ordinaire n° 4 de la rive gauche de l'Oued Messelmoun, dans le douar El-Arbaâ, et aboutissant à la fraction de Souhalia ; La longueur de ce chemin est d'environ 2 kilomètres, il a 4 mètres de largeur.

5° Le chemin qui part du chemin vicinal ordinaire n° 3 dans le douar Sidi Simiane pour aboutir à Beni Habiba ; la longueur de ce chemin rural est de 2 kil. 500 environ, sur une largeur de 4 mètres.

Pistes muletières.

De nombreuses pistes muletières sillonnent, en tous sens, le territoire de la commune mixte de Gouraya. Les fractions de chaque douar sont reliées entre elles comme avec celles des douars limitrophes par des sentiers plus ou moins praticables, surtout pendant une certaine époque de l'année.

11. — Tableau des distances kilométriques.

Centres européens.

	Cherchel.	Novi.	Fontaine-du-Génie.	Gouraya.	Villebourg.	Oued Damous.	Ténès.
Novi.	8						
Fontaine-du-Génie.	15	7					
Gouraya.	30	22	15				
Villebourg.	40	32	25	10			
Oued Damous.	50	42	35	20	10		
Ténès.	100	92	85	70	60	50	

Douars.

	Cherchel.	Sidi Simiane.	El Gourine.	El Arbâa.	Aghbal.	Larhat.	Zatima.	Damous.	Beni Milouk.
Sidi Simiane.	20								
El Gourine.	30	20							
El Arbâa.	50	25	30						
Aghbal.	55	50	45	20					
Larhat.	60	55	50	30	15				
Zatima.	70	65	55	35	20	10			
Damous.	75	70	65	45	30	15	10		
Beni Milouk.	85	80	75	50	40	30	15	10	

NOTA. — Dans le tableau de distances kilométriques dans les douars, le point de départ des distances est la fraction où réside l'adjoint indigène.

La distance kilométrique exacte entre certains points de la commune mixte étant difficile à préciser, nous avons pensé qu'il ne serait pas inutile de faire connaître, en heures, le temps nécessaire pour se transporter d'un endroit à un autre.

Nous donnons ces renseignements en traits verts sur notre carte des voies de communications.

III. — Transports maritimes.

Les transports maritimes sont effectués par la Compagnie des lignes côtières algériennes : Franceschi Schiaffino, Achaque et Cⁱᵉ, dont le siège est à Alger.

Pendant une certaine époque de l'année seulement, les bateaux à vapeur de cette compagnie peuvent approcher les plages intermédiaires entre Cherchel et l'Oued Damous; mais généralement les marchandises d'importation sont toutes débarquées à quai Cherchel, pour rayonner sur les divers points de la commune, de même que les marchandises d'exportation aboutissent toutes à Cherchel.

Les tableaux suivants donneront une idée du mouvement commercial maritime annuel de la région d'une façon aussi approximative qu'il nous a été possible de les dresser d'après les renseignements exacts qui nous ont été fournis :

Marchandises transportées d'Alger à Cherchel

NATURE	NOMBRE DE TONNES	PRIX DU TRANSPORT la tonne.
Chaux, ciment.............	500	6 fr. »
Briques, tuiles....	200	8 »
Bois de construction....	200	x »
Bois de tonnellerie..........	100	6 »
Céréales	700	6 »
Farines, semoules.......	700	6 »
Charbon de terre.	100	6 »
Épiceries, comestibles.	300	8 »
Tissus divers..	25	10 »
Soufre..	50	6 »

10,000 barils vides à salaison, à 0 fr. 15 c. la pièce.

Marchandises transportées de Cherchel à Alger

Vins.................	2.500	6 »
Caroubes.................	25	7 »
Céréales.	50	6 »
Lièges.................	25	12 »
Tartre, lie de vins..........	10	7 »
Peaux.............	150	7 »
Crin végétal	4.000	6 »
Charbon de bois...........	10	7 »
Salaisons (poissons).........	250	7 »
Pavés, bordures de granit....	500	5 »

Marchandises transportées d'Alger à Gouraya et Villebourg

Chaux, ciment.............	300	10 »
Briques, tuiles.............	50	15 »
Bois de construction........	100	15 »
Céréales	250	8 »
Farines, semoules..........	100	8 »
Charbon de terre...........	5	10 »
Épiceries, comestibles.......	40	15 »
Soufre	10	12 »

Marchandises transportées de Gouraya et Villebourg à Alger

NATURE	NOMBRE DE TONNES	PRIX DU TRANSPORT la tonne.
Vin......................	2.000	10 fr. »
Plâtre	2.000	6 »
Liège	150	14 »
Huiles d'olives............	100	10 »

Marchandises transportées de Cherchel à Gouraya et Villebourg

Soufre....................	40	5 fr. »
Sel marin.................	70	5 »

Marchandises transportées d'Arzew à Cherchel

Sel marin.................	300	10 fr. »

Marchandises transportées d'Oran à Cherchel

Bois de tonnellerie........	40	8 fr. »

Tarif des passages de Cherchel à Alger et vice versa

Passage, avec couchette .... 7 fr.

—   sur le pont 5

Les prix sont les mêmes de Cherchel à Ténès et vice versa.

IV. — Cours d'eau.

Les principaux cours d'eau qui arrosent les différents douars de la commune mixte de Gouraya, sont :

1° Dans le douar Damous : l'Oued Damous qui reçoit l'Oued Si Yacoub, l'Oued Tefras, l'Oued Tazida et l'Oued el Moudiar. — L'Oued Harbil qui reçoit l'Oued Gargara, l'Oued Et-Toult, l'Oued Bou Charane et l'Oued Bou Zeriot.

2° Dans le douar Beni Milenk : l'Oued Timitoust, l'Oued El Djir, l'Oued Belkassem et l'Oued Sidi Aïssa ou Atmane, qui se jettent dans l'Oued Damous, l'Oued El Kebir qui reçoit l'Oued Bou Nacour.

3° Dans le douar Zalima : l'Oued Bou Arbi qui reçoit l'Oued Slane, l'Oued Bou Djrana, l'Oued Bou Kreroudj, l'Oued Bou Aoua et l'Oued Mohalla, l'Oued Taharkoucht qui se jette dans l'Oued Abbès.

4° Dans le douar Larhat : l'Oued Harbil qui reçoit l'Oued El Djer et l'Oued Irdoumiène, l'Oued Abbès qui reçoit l'Oued Taghzont et l'Oued Tafrararkt.

5° Dans le douar Aghbal : l'Oued El Kalaň qui reçoit l'Oued El M'Sart et l'Oued Hardich, l'Oued Abbès.

6° Dans le douar El Arbâa : l'Oued El Kébir qui se jette dans l'Oued Sebt et qui reçoit lui-même l'Oued Bou Ammar; l'Oued Broula, l'Oued Bou Dellou, l'Oued Zouggar, l'Oued Bou Yadrène, l'Oued bou Naïma, l'Oued Si Yacoub, l'Oued Tamdelt, l'Oued Lagoun, l'Oued Ammoucha et l'Oued Tadrent ou Mad, l'Oued Messelmoun qui reçoit l'Oued Azela et l'Oued Amroune.

7° Dans le douar Sidi Simiane : l'Oued Smaïl, l'Oued Sidi Rilès, l'Oued Tamda, l'Oued El Hammam, l'Oued Aïzer, l'Oued Irzer bou Afrak et l'Oued Aïzer, qui se jettent dans l'Oued Messelmoun. Enfin, dans le douar El Gourine : l'Oued El Hachem qui reçoit : l'Oued Rouman, l'Oued Bouchouaoun, l'Oued Zelazel, l'Oued Saïah, l'Oued Zaouïa et l'Oued Traret.

V. — Forêts.

Superficie. — Propriétés de l'Etat et de la Commune.

La superficie du sol forestier compris sur le territoire de la commune mixte de Gouraya s'élève à 13.940 hectares se répartissant comme il suit :

Forêts domaniales .... 13.890 hectares.
Forêts communales........ 50 —

Jusqu'à présent, les forêts domaniales de chêne-liège sont seules exploitées ; leurs surfaces s'élèvent à 3.374 hectares. Les forêts non exploitées, sont : les forêts domaniales de pin d'Alep, d'une contenance de 2.607 hectares ; les forêts domaniales de chêne vert, d'une contenance de 6.956 hectares et enfin celles de thuyas et d'essences diverses, d'une contenance de 953 hectares.

Chemins d'exploitation.

Vingt kilomètres environ de chemins muletiers ont été ouverts, ces dernières années, par le service forestier, dans les forêts domaniales de chêne-liège ; ce réseau est loin d'être suffisant ; chaque année, il sera augmenté, et il est à prévoir que lorsqu'il sera complètement terminé, c'est-à-dire, dans quelques années seulement, il aura un développement total de près de cent kilomètres, ayant nécessité une dépense d'environ cinquante mille francs.

En dehors des chemins desservant les forêts de chêne-liège, le service forestier a à l'étude l'établissement d'un réseau complet de chemins d'exploitation, de vidange et de surveillance, desservant indistinctement tous les massifs forestiers, quelles que soient les essences qui les composent et se reliant aux grandes routes et aux chemins à établir dans un délai rapproché, ou déjà établis.

De plus, ces chemins sont étudiés de façon à partager les massifs en petites parcelles de telle sorte que, si un incendie vient à se déclarer dans une forêt quelconque, il soit circonscrit dans une de ces parcelles, d'une étendue relativement restreinte, et ne puisse pas s'étendre sur tout le reste de la forêt.

Le service forestier éprouve souvent des difficultés très grandes dans l'établissement de ces chemins qui desservent ces forêts, en ce sens que de nombreux massifs isolés se trouvent très éloignés des chemins établis. Or, ce service, ne peut relier les chemins qu'il a ouverts dans le massif forestier aux chemins établis, parce qu'il lui faudrait passer sur des propriétés privées appartenant à des indigènes. Il serait à souhaiter que, pour l'établissement complet d'un réseau de chemins desservant les massifs forestiers, il y ait entente entre l'Administration des Forêts, la commune intéressée et les Services compétents et que des fonds spéciaux soient mis à leur disposition.

Autrefois, certains grands massifs étaient desservis en grande partie par trois pistes établies par le Génie :

1° Piste partant de Zurich et aboutissant à Miliana ; 2° Piste partant de Cherchel, passant par le marché d'El Haad et aboutissant également à Miliana ; 3° Piste partant de Novi et aboutissant au Chéliff, à hauteur du centre de Duperré. Ces pistes qui, autrefois, étaient carossables dans la bonne saison, n'ayant pas été entretenues, faute de fonds spéciaux, sont devenues impraticables aux voitures et très souvent même aux cavaliers. Il y aurait assurément grand avantage à les remettre en bon état.

Exploitations en grand.

Il serait possible d'exploiter utilement la majeure partie des forêts ; celles de chêne-vert pour la production des écorces à tan et du charbon de bois ; celles de pin d'Alep pour la production de planches et de bois de petite charpente. Le service forestier étudie également ces questions.

Nous ne parlerons pas des forêts de chênes-liéges, la question étant traitée plus loin.

Les capitaux qui seraient nécessaires seraient importants. Selon toute probabilité, il est impossible d'avoir recours à l'industrie privée, nous émettrons l'avis que l'État seul peut et doit entreprendre cette exploitation, car lui seul disposant de capitaux importants, peut attendre un certain temps qu'ils aient fructifiés et se contenter d'un revenu qui, faible dans les débuts, ne peut qu'aller en augmentant.

Chênes-liège.

Les forêts domaniales de chêne-liège sont toutes mises en valeur. En 1893, elles ont donné 486 quintaux de liége de reproduction, ayant rapporté une somme totale de 15.506 francs, ce qui donne au liége de reproduction une valeur brute de 31 fr. 90 au quintal; d'autre part, les frais d'exploitation s'étant élevés à la somme de 4.150 fr. 95, c'est-à-dire 8 fr. 54 par quintal; la valeur nette du quintal de liége de reproduction et de 23 fr. 36. En 1892, il a été récolté 787 quintaux vendus pour la somme de 39.587 fr., soit une valeur brute de 50 fr. au quintal. Les frais s'étant élevés à la somme de 5.432 fr., c'est-à-dire 6 fr. 90 par quintal, la valeur nette du quintal de liége de reproduction a été de 42 fr. 10. Si nous prenons la moyenne de ces deux années, nous obtenons, pour valeur nette du quintal de liége, la somme de 33 fr. 23.

La différence de vente du liége entre les années 1892 et 1893, s'explique par la différence des qualités du liége d'une part et par les fluctuations du cours variable chaque année suivant l'importance des produits.

Dans certaines forêts, le liége est de toute première

qualité, dans d'autres, au contraire, il n'est que de qualité médiocre. Au fur et à mesure des exploitations, la qualité du liège ira en augmentant.

Le service des forêts prépare à l'heure actuelle des règlements d'exploitation pour toutes les forêts de chêne-liège. Lorsque ces règlements seront appliqués, c'est-à-dire, dès les années 1895-1896, on peut prévoir que ces forêts auront un rendement annuel de 2.700 quintaux, d'une valeur nette de 81.000 francs, dont l'exploitation coûtera une somme de 21.000 francs environ, somme distribuée en salaires, pour les neuf dixièmes au moins, aux indigènes voisins de forêts.

Ces lièges ne sont pas consommés dans le pays, ils sont tous achetés par le commerce de liège d'Alger qui en transforme une très faible partie en bouchons et expédie le reste en planches, en Russie, en Suède et Norvège et en Angleterre.

Essences forestières diverses.

Ainsi que nous l'avons dit plus haut, le chêne vert et le chêne à gland doux occupent 6.956 hectares et l'exploitation de ces forêts est à l'étude ; elle produira des écorces à tan et des charbons de bois. Bien qu'aucune exploitation de ce genre n'ait été pratiquée dans la commune mixte, nous admettons, d'après les renseignements que nous avons recueillis, que ces forêts pourront produire annuellement 2.800 quintaux d'écorces à tan d'une valeur brute de 28.000 francs et d'une valeur nette de 14.000 francs.

La différence entre la valeur brute et la valeur nette, c'est-à-dire 14.000 francs, représente les frais d'exploitation effectués, en entier, par les indigènes. Il nous est difficile sinon impossible d'indiquer d'une façon, même approximative, la quantité et la valeur du charbon de bois provenant de ces exploitations.

Nous rappellerons seulement que le charbon de bois fabriqué avec le chêne Yeuse et la variété le chêne Balotte ou à gland doux est de toute première qualité.

Le chêne Zéen ne se montre que sur un seul point; dans la forêt dite du Grand Pic, située à une altitude moyenne de 700 mètres. Il est en trop petite quantité pour qu'il soit possible d'en entreprendre une exploitation quelconque.

Il en est de même des cèdres que l'on rencontre par sujets isolés sur les crêtes de Bou-Harb, à une altitude de 12 à 1.400 mètres.

Les frênes et ormes ne se montrent que par pieds isolés dans les fonds humides. Le thuya que l'on rencontre rarement en massifs mais généralement en mélange avec le pin d'Alep n'offre jamais de grandes dimensions; cette essence ne paraît susceptible d'aucune exploitation, pour le moment du moins.

Le pin d'Alep occupe une grande surface sur le territoire de la commune mixte de Gouraya; on en compte environ 2,607 hectares. Les forêts peuplées de cette essence sont périodiquement ravagées par des incendies, aussi, présentent-elles rarement des massifs d'arbres de fortes dimensions. Ce sont généralement de jeunes semis ou de jeunes arbres qui ne sont susceptibles d'aucun usage et par suite d'aucune exploitation.

Cependant, il existe encore quelques massifs dont les arbres les plus gros, pourraient, s'ils étaient débités, fournir des bois de petite charpente et des planches qui sans valoir les bois dits du Nord, seraient pourtant encore bien supérieurs aux bois de Trieste ou de Fiume.

C'est dans cette question surtout que peut intervenir l'État, car jamais un entrepreneur quelconque ne pourrait se livrer à cette exploitation, en raison de la défaveur qu'ont les bois d'Algérie et du temps nécessaire qu'il faut pour qu'ils soient suffisamment secs.

Bois de construction.

Les bois de construction employés dans le pays sont les bois généralement utilisés en Algérie, c'est-à-dire le pin du Nord et les pins de Russie, du Canada, de Trieste et de Fiume. Tous ces bois, débarqués au port de Cherchel, viennent d'Alger et sont payés moitié plus cher qu'ils le sont à Alger, en raison des frais de transport et du bénéfice des intermédiaires.

Les bois de petite charpente sont vendus sur le pied de 110 fr. le mètre cube pour le pin du Nord et de 84 fr. pour le bois d'autres variétés de pins.

Il débarque à Cherchel une moyenne annuelle de 300 tonnes de ces bois représentant environ 500 mètres cubes. En supposant qu'il se consomme autant de bois du Nord que d'autres, c'est une dépense de 48,500 fr. Cette somme de 48,500 fr. s'en va au moins pour moitié dans les pays étrangers.

On voit quel bien il résulterait pour le pays, si les forêts de pin d'Alep pouvaient être exploitées et remplacer, au moins en partie, sinon en totalité, les bois venant de l'étranger.

Il convient d'ajouter, en outre, que dans le cas d'une exploitation des forêts de pin d'Alep, les populations indigènes trouveraient là une source de nouveaux salaires.

Bois de chauffage.

Il n'y a pas de commerce de bois de chauffage dans la commune mixte de Gouraya. Le bois de chauffage nécessaire aux habitants provient des défrichements effectués par les propriétaires européens ou par les indigènes.

Ce bois consistant, en majeure partie, en souches de broussailles diverses, se vend sur le prix moyen de 0 fr. 75 le quintal, soit environ 3 fr. le stère.

Il n'est pas possible de dire, même approximativement, ce qu'il en est consommé par an; cette consommation varie du reste, suivant la rigueur des hivers.

Charbon de bois.

Il n'y a pas d'exploitation régulière de charbon de bois
dans la commune mixte de Gouraya; le charbon consommé est fabriqué par les indigènes et se vend sur un
prix moyen de 5 fr. le quintal.

VI. — Mines.

Il existe sur le territoire de la Fontaine-du-Génie et
principalement sur la concession du sieur Gois, de nombreux filons de minerais de fer, de plomb argentifère et
même, paraîtrait-il, des filons de cuivre. On a essayé, au
lieu dit : El Guenini, à deux kilomètres et demi environ
du village, d'extraire ces minerais ; il faut croire que les
filons qui ont été découverts n'étaient pas suffisamment
conséquents, car on les a complètement abandonnés.

On a extrait, il y a déjà quelques années, des montagnes environnant le centre de Villebourg, du minerai de
fer dont une certaine quantité a été abandonnée sur la
plage, où du reste, elle est encore. L'exploitation en a été
abandonnée depuis longtemps.

La cessation de cette exploitation peut être due au peu
de richesse du minerai, ainsi qu'aux difficultés de l'ex-
traction, à la cherté du transport et au défaut de débou-
chés. Cette exploitation a subi, sans doute, pour ces différentes causes, le sort des mines de Messelmoun qui ont
également été abandonnées depuis fort longtemps.

Dans le centre de Marceau, on peut citer en premier
lieu la mine de lignite qui comprend trois filons

parallèles, dirigés dans leur ensemble de l'Est à l'Ouest, avec différents points d'affleurement. Leur épaisseur peut varier de quelques centimètres à deux mètres. La Société des Verreries de Marceau, dont nous avons parlé déjà, a commencé la mise en exploitation de ces mines.

On trouve, en outre, sur le territoire de la commune mixte de Gouraya, des gisements plus ou moins importants de :

Fer, dans les douars Damous, Beni Milcuk, Zatima, Larhat, Aghbal, El-Arbâa, El-Gourine et Sidi Simiane.

Cuivre, dans les douars Damous, Beni Milcuk et Zatima.

Plomb, dans les douars Sidi Simiane et El-Arbâa.

Argent, dans le douar El-Arbâa.

Ardoise, dans les douars Damous et Larhat.

Albâtre, dans le douar Aghbal.

Lignite, dans le douar El-Gourine.

Schiste, dans les douars Damous et Larhat.

VII. — Carrières.

On a découvert aux environs du Grand Pic de Marceau, un gisement de marbre blanc d'assez belle qualité ; mais les difficultés d'accès et d'exploitation et la cherté du transport, rendent cette carrière inexploitable, du moins pour le moment.

Nous avons parlé, dans un chapitre précédent, de l'importante carrière de sable fin, située à peu de distance du centre de Marceau, sur la rive droite de l'Oued Bouchouaoun ; on ne peut encore préciser le rendement que donnera cette carrière, l'exploitation n'en étant pas encore commencée.

Il existe dans le douar Beni Milcuk, une carrière inexploitée de pierre à plâtre d'assez bonne qualité. Mais

l'éloignement de tout centre, les difficultés et la cherté
des transports dans cette région excessivement montagneuse et très accidentée, ne laissent aucun espoir que,
même dans un avenir lointain, cette carrière puisse être
exploitée.

Nous avons mentionné dans le chapitre : Colonisation,
les carrières de granit exploitées actuellement à Fontaine-du-Génie. Cette exploitation promet de devenir
plus tard très importante.

VIII. — Sources thermales.

Il existe dans la région de Marceau, à un kilomètre du
centre, une source ferrugineuse située sur le grand lot
du sieur Peyrouse. L'analyse chimique de cette source
qui n'a pas un grand débit, n'a pas été faite encore, et il
ne serait peut-être pas inutile de la faire faire pour
connaître exactement la composition de cette eau.

IX. — Hygiène publique.

Salubrité.

L'état sanitaire de la commune mixte de Gouraya est
généralement satisfaisant.

Sa situation topographique, sur le littoral, entourée de
forêts et de montagnes dont l'altitude atteint quelquefois
1.100 mètres, la qualité de ses eaux, généralement de
bonne qualité, l'absence de marécages et d'eaux sta-
gnantes pouvant occasionner des fièvres paludéennes, et
la douceur de son climat tempéré, contribuent à rendre
cette région très salubre.

Les colons des deux centres de Fontaine-du-Génie et de Villebourg n'éprouvent que rarement les effets de la malaria dont quelques grammes de sulfate de quinine calment rapidement les accès.

Le centre de Marceau, encaissé dans les montagnes est tributaire du paludisme; on y compte de nombreux cas de fièvre intermittente. Cependant leur fréquence semble diminuer grâce aux soins d'hygiène et au rôle du sulfate de quinine, du quinquina et de la liqueur de Fowler.

Il a été observé pendant l'année 1893 quelques cas de rougeole, de coqueluche, de conjectivites catharrales chez les enfants, de bronchites légères chez les adultes.

Dans le courant de cette année la variole a sévi avec une certaine intensité parmi la population indigène, sans toutefois prendre les proportions d'une véritable épidémie. Néanmoins, toutes les mesures préventives ont été immédiatement prises pour circonscrire la maladie. Les soins nécessaires ont été donnés aux indigènes atteints et l'on a pu avoir la satisfaction de constater que les précautions prises avaient eu un résultat efficace.

De nombreuses vaccinations ont été pratiquées dans les trois centres de colonisation, ainsi que sur les indigènes qui, généralement, ne se sont pas montrés trop réfractaires à cette opération. Du reste, en temps d'épidémie, les indigènes, eux-mêmes, pratiquent l'inoculation comme remède.

Le bruit d'une affection typhyque qui aurait sévi, il y a quelque temps à Alger a amené l'Administration locale à prendre des mesures sérieuses dans chaque agglomération indigène. Aucune affection de cette nature n'a été, du reste, signalée sur le territoire de la commune mixte.

Les affections syphilitiques se comptent en très grand nombre.

Les ophthalmies purulentes ne sont pas rares chez les indigènes de la région, de même que les conjonctivites granuleuses. Beaucoup d'entre eux sont scrofuleux et négligent absolument de se soigner.

On doit constater des progrès d'hygiène principalement chez les indigènes des douars voisins de nos centres de colonisation où ils sont en contact avec les européens.

Dans les douars, la situation n'est pas la même. La plupart des indigènes malades ou blessés se soignent au moyen de simples ou de panacées. Ils y ajoutent souvent l'écrit d'un marabout, convaincus d'avance que, dans ces conditions, la guérison est certaine.

De fait, ce mode de traitement, en vaut peut-être bien d'autres et nous avons vu guéri dans ces conditions, un indigène sur lequel on devait pratiquer, sous peine de mort, l'amputation du poignet droit.

Sa situation de kodja dans un de nos douars, était peut-être bien pour quelque chose dans l'aversion profonde qu'il éprouvait pour ce genre d'opération, mais sa position ne devait pas, croyons-nous, lui tenir tellement au cœur pour qu'il acceptât d'aller si tôt (car il était encore jeune), rejoindre les houris du paradis de Mahomet.

Bref, il avait à cette main une plaie affreuse que rongeait déjà la repoussante gangrène.

Il s'est soigné pendant quelques temps au moyen d'herbes et de feuilles de certaines essences qu'il appliquait quotidiennement sur la plaie gangrenée, et l'on peut voir aujourd'hui qu'il se sert de sa main droite comme s'il n'y avait jamais eu la moindre égratignure.

Service médical.

La commune mixte de Gouraya fait partie de la circonscription médicale confiée à un praticien dont la résidence est à Gouraya.

Le centre de Marceau se trouvant à une trop grande distance de ce centre (60 kilomètres), a été distrait de la circonscription.

Le service médical de Marceau est assuré par le médecin communal de Cherchel, qui reçoit pour ce service une indemnité mensuelle de 100 francs.

Dans l'intérêt des colons de Marceau, qui se trouvent, plus que ceux des deux autres centres, éloignés des ressources d'un homme de l'art, l'Administration locale a fait l'acquisition des produits pharmaceutiques qui peuvent être le plus urgents. Cette petite pharmacie est déposée dans la salle de la Mairie de Marceau, sous la surveillance de l'Adjoint spécial du centre.

X. — Epiozoties.

Service vétérinaire.

L'état sanitaire des troupeaux dans la commune mixte de Gouraya est généralement satisfaisant. On a constaté pendant les mois de Mai, Juin et Juillet 1893, quelques cas de fièvre aphteuse. La fièvre charbonneuse qui avait marqué l'année précédente a reparu au mois d'octobre 1895, dans le douar El Gourine. — Dès le début de la maladie toutes les mesures de désinfection et d'isolement ont été prises. Plusieurs animaux suspects ont été abattus et enfouis immédiatement à une certaine profondeur.

Le service vétérinaire de la commune mixte de Gouraya est fait par le vétérinaire sanitaire de Marengo.

XI. — Evénements calamiteux.

Criquets et sauterelles. — L'invasion dans la commune mixte de Gouraya en 1893.

L'invasion des acridiens sur le territoire de la commune mixte de Gouraya a commencé le 9 Mai. Dès le 25 Avril cependant, deux vols, sans importance il est vrai, furent signalés, le premier, dans le douar Sidi Simiane, s'abattant vers une heure après-midi sur les bords de l'Oued Haourara, dans la fraction de Mazer ; le second dans le douar Damous, s'abattant dans le lit de l'Oued Damous et venant de l'Ouest, c'est-à-dire du côté de Ténès.

Ce ne fut que le 9 Mai que l'invasion commença réellement et presque simultanément sur tous les points de la commune mixte.

En effet, à cette date, un vol considérable d'acridiens s'abattit sur le centre de Marceau, sur Bordj El Khemis et à Derouat, El Kouiane dans le douar El Gourine. Le même jour, les douars Larhat, Damous, Beni Milouk, El Arbâa et Sidi Simiane, ainsi que les centres de Villebourg et de Fontaine-du-Génie, reçurent la visite des acridiens. La direction générale bien accentuée était de l'Ouest à l'Est.

Ainsi que le fait a été remarqué les années précédentes, la vallée de l'Oued Messelmoun et le périmètre de colonisation de Marceau ont été les deux points les plus atteints, ceux par conséquent, où il était nécessaire de concentrer le plus nos efforts.

A Marceau, principalement, les vols se succédaient journellement, les jardins étaient entièrement dévastés par les sauterelles pélerins qui s'étaient attaquées à tous les légumes de préférence et les avaient dévorés jusqu'à la racine.

A partir des 18 et 19 Mai, les vols diminuèrent, mais pendant la semaine les sauterelles s'étaient accouplées.

Les pontes commencèrent vers cette date.

Le 23 Mai, aucun vol n'était plus signalé, les lieux de pontes avaient été soigneusement relevés et les instructions les plus pressantes étaient données par l'Administration locale aux agents placés sous ses ordres, pour l'organisation de la lutte contre les criquets.

Comme les années précédentes, l'administrateur avait

prescrit des mesures de destruction consistant principalement dans le ramassage des sauterelles à la nuit tombante ou au lever du jour, et dans l'écrasement, par tous les moyens possibles. Ces procédés ont donné, dans une certaine limite, des résultats satisfaisants.

Destruction des pontes.

Les travaux de destruction des pontes sont assurément les plus pénibles, mais aussi ceux qui produisent les meilleurs résultats.

Les sauterelles avaient pondu dès le 12 mai, les lieux de pontes étaient connus, et les recherches faites ont permis de constater que sur beaucoup de points le ver destructeur des œufs existait encore.

Dans les douars Damous, Larhat et Zatima, ainsi que dans le périmètre de colonisation des centres de Villebourg et de Fontaine-du-Génie, les pontes furent nulles ou à peu près, grâce à la présence du ver parasite. On en constata également la présence, mais en moins grande quantité dans les douars Beni Milouk, El Arbâa et Sidi Simiane.

Dans le périmètre de Marceau, comme dans le douar El Gourine, la plupart des pontes étaient bonnes, sauf du côté de la plaine de Touarès, où l'on a retrouvé, sur une assez grande étendue, le ver parasite.

Le plus fort de la lutte était donc circonscrit du côté de Marceau, et nous nous plaisons à constater que les colons de ce centre, sauf de rares exceptions, ont fait, à ce moment-là, consciencieusement leur devoir.

L'ordre leur fut donné d'avoir à faire piocher immédiatement partout où l'on avait relevé et constaté des pontes.

La pépinière communale fut entièrement visitée et piochée par le pépiniériste, aidé de travailleurs indigènes, et les berges de l'oued Bouchouaoum où de nombreuses pontes avaient eu lieu furent également piochées par des indigènes réquisitionnés, sous la surveillance des gardes champêtres français et indigènes et sous la direction d'un adjoint.

La direction des chantiers de destruction de la vallée de l'oued Messelmoun était confiée à l'autre adjoint de la commune mixte.

Dans les douars infestés, les adjoints indigènes faisaient leur possible pour détruire les pontes avec le peu d'indigènes qui restaient encore dans les tribus, la plupart d'entre eux étant allé chercher du travail dans la plaine du Chéliff.

Le recrutement des indigènes réquisitionnés fut, en 1893, assez difficile. Presque tous ceux qui se rendaient à l'appel étaient de tout jeunes gens et même des enfants, les seuls présents dans les douars.

Une telle main-d'œuvre nécessitait de la part de celui qui l'employait un redoublement de surveillance et beaucoup de colons durent y renoncer, après avoir constaté que les travailleurs causaient, par eux-mêmes, plus de dégâts que ce qu'on aurait commis l'ennemi qu'ils combattaient.

En somme, et nous parlons ici spécialement de la région de Marceau qui a été, sans contredit, la plus éprouvée de la commune mixte, le travail de la recherche des coques ovigères s'est fait aussi consciencieusement que possible, étant données les faibles ressources dont disposent, en général les colons de ce centre.

Le piochage des terres en vue du ramassage des œufs qui avait commencé le 15 mai s'est poursuivi jusque vers le 10 juin. A cette date, les éclosions étaient en trop grand nombre pour que la recherche des œufs put constituer un travail utile et il était temps de prendre les mesures nécessaires pour organiser la lutte contre les criquets, les éclosions promettant, malheureusement, d'être importantes malgré le travail fait et la peine prise pour la destruction des pontes.

Criquets.

Les premières éclosions furent constatées dans la vallée de l'oued Messelmoun vers le 20 mai. Ce fut entre Souk-es-Sebt et El Djenane qu'elles eurent lieu. Le matériel de destruction avait été transporté depuis longtemps chez le caïd du douar El Arbâa, de façon à être prêt à toute éventualité. Les appareils cypriotes avec leurs accessoires et des melahfas étaient prêts à être dressés et utilisés, dès la première alerte.

Lorsque les éclosions se produisirent, la main-d'œuvre dont on pouvait disposer fut employée à la destruction par l'écrasement et l'incinération. Dans les premiers jours de juin, les criquets devenant plus gros, on eut recours aux melahfas d'abord et ensuite aux appareils cypriotes qui eurent bientôt raison des bandes de criquets qui, suivant le lit de la rivière, descendaient l'oued Messelmoun.

La lutte, de ce coté, n'a pas duré trop longtemps et les dégâts causés par les criquets se réduisent à peu de chose. Quelques jardins furent dévastés, les figuiers eurent également à souffrir du passage des criquets, mais, en somme, les pertes ne furent pas énormes.

Dans les douars où les éclosions se produisirent à peu près à la même époque, les opérations de destruction étaient activement poussées.

Dans le périmètre de Marceau, la première éclosion fut constatée le 2 juin, dans la matinée, sur le lot d'agrandissement du sieur Foucault. A partir de cette date, elles se succédèrent quotidiennement dans les lots d'agrandissement et dans les lots de jardins.

Dès le début des éclosions, on procéda par enfouissement et incinération à la destruction des criquets.

Les éclosions continuaient et l'on employa outre les systèmes de l'écrasement, l'enfouissement dans des fossés creusés et l'incinération, les melahfas.

Nous avons reconnu que ce moyen de destruction donnait d'excellents résultats lorsque les criquets forment des taches éparpillées et qu'ils sont encore trop petits pour que l'on puisse utiliser efficacement contre eux les appareils cypriotes.

Le 10 juin, on dut établir une ligne de défense au moyen de ces appareils. Les criquets qui avaient échappé aux melahfas, à l'enfouissement, à l'écrasement et au feu commençaient à grossir et à suivre une direction assez bien définie. Cette ligne de défense protégeait les vignobles et l'entrée du village sur une longueur de 500 mètres.

Le 14 juin, tout danger sérieux semblait conjuré, quelques taches éparses subsistaient encore sur divers points, lorsque le 16 juin une masse compacte de criquets était signalée dans la vigne du sieur Manuel, sur la route de Marceau à Touarès. Cette tache provenait d'une importante éclosion dans des terrains sablonneux situés au pied de la forêt de chêne-liège exploitée par le sieur Manuel, où les pontes n'avaient pas été signalées.

Quatre appareils furent dressés sur-le-champ, et des fosses creusées. Le 18 au soir la plus grande partie de la colonne était détruite. Les appareils cypriotes furent laissés en place pour attendre le reste de la colonne qui tomba, les jours suivants, dans les fossés, non cependant sans avoir commis quelques dégâts sérieux.

En même temps, une bande de criquets descendait des Abrères, se dirigeant sur le réduit défensif de Marceau et sur le village. Ils ne purent faire aucun mal en cet endroit absolument inculte où ne poussent que de mauvaises herbes et de la broussaille. Néanmoins, pour rassurer les colons qui possédaient de petits lots de jardins et de vignes au nord du village, on dressa immédiatement une ligne de défense de 150 mètres, qui suffit pour arrêter la marche et détruire la colonne.

Dans les lots de vignes des sieurs Thomas père et Turrel, situés sur la colline qui domine au Sud le village, la lutte continuait toujours. Alors que l'on pouvait espérer être arrivé à la fin de la campagne, des colonnes serrées de criquets déjà gros descendaient en masses compactes des collines qui dominent ces vignobles. Une longue ligne d'appareils arrêtait le plus fort des colonnes, tandis que les melahfas et le feu détruisaient les taches éparses. Les dégâts commis par les criquets dans les vignobles de ces deux colons, sont certainement les plus sérieux que nous eûmes à constater.

Le 21 Juin, une colonne importante venant du côté de Bordj et Khemis suivait la route de Zürich à Marceau se dirigeant sur le village. On fit ramasser de la broussaille et des herbes sèches, et l'on détruisit la plus grande partie de la colonne par le feu, la conformation du terrain en cet endroit, ne permettant absolument pas de dresser un ou plusieurs appareils cypriotes. Le lendemain de très bonne heure, alors que les criquets, engourdis encore par la fraîcheur de la nuit, étaient réfugiés dans la broussaille, on employa le même procédé pour détruire le reste de la colonne.

Ce fut donc du 16 au 22 Juin que les criquets apparurent en plus grand nombre.

A partir du 23 Juin, l'invasion était réellement en décroissance. Les éclosions étaient bien terminées sur tous les points. La campagne pouvait dès lors être considérée comme entièrement finie.

———— ✳ ————

Observations générales

La présence dans les coques ovigères du ver parasite dont nous avons parlé plus haut et qui a contribué pour sa part à la destruction des coques est la principale observation que nous ayons pu faire. Nous avons remarqué aussi qu'il a été en 1893 moins répandu que l'année précédente.

Ainsi que l'on pourra s'en rendre compte par l'examen de la carte additionnelle à ce chapitre, c'est dans le douar Larhat et dans les périmètres de colonisation des centres de Villebourg et de Fontaine-du-Génie qu'à lui seul il a détruit les pontes.

Une observation que nous devons faire également est relative au piochage de la terre avant les éclosions. Il nous a été donné de constater que cette opération faite même dans d'excellentes conditions et avec tout le soin désirable et toutes les précautions nécessaires, n'avait pas donné, partout, les résultats que l'on était en droit d'attendre. Ainsi nous savons, un colon de Marceau qui disposait de moyens qui lui permettaient de faire piocher sa vigne dans de très bonnes conditions et sans avoir à ménager la main-d'œuvre ; Nous avons vu, nous-même, de quelle façon a été fait ce travail et nous n'hésitons pas à dire que ce fut ce colon qui eut le plus à souffrir des éclosions et chez qui elles furent le plus nombreuses.

Nous ne chercherons pas à expliquer un fait qui semble être en opposition absolue avec les résultats que l'on dit avoir obtenus par le moyen du piochage ; il est en dehors de notre compétence, mais, nous l'avons vu par nous-même et nous ne pouvons que nous borner à le constater.

Les moyens employés pour la destruction, ont été les suivants qui ne diffèrent pas sensiblement de ceux mis en œuvre pendant les précédentes campagnes : Ramassage ou écrasement des sauterelles à la nuit tombante ou avant le lever du soleil. Arrosage des criquets au moment de l'éclosion, avec de l'huile lourde additionnée de 25 à 30 0/0 d'eau ; Cette opération a donné, partout où on a pu le faire, de très bons résultats. Depuis l'éclosion, jusqu'à 8 ou 10 jours, emploi des melahfas, enfouissement, écrasement ou incinération ; enfin, emploi des appareils cypriotes depuis 15 jours environ jusqu'au moment où le criquet commence sa cinquième mue.

Dans la vallée de l'Oued Messelmoun, les appareils cypriotes ont pu être avantageusement utilisés, étant donné la conformation du terrain, et là ils ont pu donner d'excellents résultats.

Dans la région de Marceau, il n'en a pas été partout de même, et en maints endroits, on a dû recourir à l'incendie. Mais ce moyen, si radical, soit-il, ne laisse pas d'exiger les plus grandes précautions et la plus extrême prudence. Aussi partout où l'on a été obligé de recourir à ce moyen, nous assurions-nous le concours d'un nombreux personnel, de façon à ne pas courir le risque de nous laisser gagner par l'incendie en assistant nous-même à la mise en feu et en n'abandonnant la place qu'après nous être assuré que l'extinction était complète.

En somme, l'invasion de 1893 n'a pas pris dans la commune mixte de Gouraya, les proportions d'une calamité bien que cependant les dégâts commis par les sauterelles et les criquets aient été relativement importants.

Les sauterelles, au début de l'invasion, avaient attaqué les jardins potagers qui furent littéralement dévorés en peu de jours. Les criquets ont dévasté les vignes et c'est là ce qui a constitué la perte la plus sérieuse chez les colons de Marceau.

Dans les douars, les cultures industrielles, telles que fèves, petits pois, lentilles, etc., ont eu à souffrir de l'invasion des sauterelles, mais dans des proportions relativement peu importantes.

Du 24 au 30 Juin, une tournée générale dans tous les douars de la commune mixte où des chantiers étaient installés, permit de constater que la campagne était partout bien terminée et tous les chantiers furent licenciés.

XII. — Commerce, Industrie, Agriculture, chez les indigènes.

Le commerce indigène dans la commune mixte de Gouraya consiste dans la vente et l'achat, sur les marchés de la commune, de denrées, fruits, céréales et bestiaux.

Les productions du sol, forment à peu près les seules ressources des indigènes de la commune mixte. C'est l'excès de la consommation sur la production qui constitue le seul élément commercial qui s'écoule sur les marchés arabes de la région, à l'exception des vins et huiles fabriqués par les européens, et qui sont expédiés sur la gare des Attafs ou sur les ports de Gouraya et de Cherchel.

Il n'existe aucune industrie proprement dite dans la population indigène de la commune mixte de Gouraya.

Quelques indigènes se livrent à la fabrication, en petit, de l'huile d'olive qu'ils vendent sur les marchés de la commune et sur les marchés avoisinants.

Nous avons signalé dans le paragraphe mines et carrières, les divers et nombreux éléments d'industrie que l'on rencontre sur le territoire indigène.

On peut diviser la commune mixte de Gouraya en deux régions bien distinctes quant à l'agriculture indigène.

Les populations de l'est Beni Menasser et Beni Ferah (El Arbâa) sont bien moins travailleuses que celles de l'ouest, que l'on peut comparer aux montagnards de la Grande Kabylie.

Ces derniers tirent un parti admirable des terrains schisteux dont leurs montagnes sont formées.

Partout où l'on rencontre une source, elle est utilisée pour l'irrigation d'un jardin. La vigne couvre de très grands espaces dans les Zatima et les Damous; dans les

Beni Mileuk, on rencontre des plantations d'oliviers superbes ; dans les Larhat ainsi que dans les Aghbal, pas un coin de terre susceptible de produire n'est délaissé et l'on trouve partout de magnifiques jardins de figuiers, de pruniers, de pommiers, d'abricotiers dont les fruits sont vendus sur les marchés de Cherchel et d'Orléansville.

Dans les douars El Gourine, Sidi Simiane et El Arbâa on remarque déjà l'incurie de l'arabe des plaines qui demeure stationnaire, alors que tout travaille autour de lui. On voit qu'à partir de ce territoire, ces tribus ne sont plus les kabyles montagnards, ce sont ceux de la plaine qui se refusent à sortir de la routine.

En somme, peu, très peu de progrès à signaler, sinon autour des centres où quelques rares indigènes, plus intelligents que les autres, ont appris à se servir de nos instruments agricoles.

XIII. — Marchés arabes.

On compte dans la commune mixte de Gouraya cinq marchés qui se tiennent :

Dans le douar : El Arbâa, le samedi.
— Damous, le samedi.
— Sidi Simiane, le dimanche.
— Aghbal, le dimanche.
— Beni Mileuk, le mardi.

De ces cinq marchés hebdomadaires, deux seulement ont une certaine importance, ce sont ceux des douars Sidi Simiane et Aghbal.

Le marché des Beni Mileuk a quelque importance aussi et il s'y fait quelques transactions, mais le voisinage du grand marché des Attafs lui cause un sérieux préjudice.

Le marché du samedi dans le douar Damous, tout près de l'emplacement du futur centre de Dupleix, est créé seulement depuis le mois de juillet 1892. Son importance ne peut qu'aller en augmentant. Les Beni Haoua de la commune mixte de Ténès le fréquentent assidûment. La création du centre de Dupleix, depuis si longtemps projetée, donnerait un nouvel essor à ce marché qui serait appelé à rendre de grands services aux premiers colons qui viendraient s'installer à Dupleix.

XIV. — Situation politique.

Généralités.

La région de Cherchel-Gouraya peut compter parmi les régions du Tell qui furent le plus tourmentées depuis 1840, époque de l'occupation de la ville de Cherchel par le maréchal Valée.

La grande tribu des Beni Menasser qui occupe la partie montagneuse située entre Miliana et la mer a toujours passé, non sans raison, pour une tribu remuante et belliqueuse, malgré que les Beni Menasser, du côté de Miliana, n'aient pas pris part au mouvement insurrectionnel, grâce à l'énergie de leur caïd Si El Adj ben Mohammed, et à l'influence que ce chef indigène, probe et bienveillant, avait sur ses coreligionnaires.

L'insurrection de 1871 a démontré que cette réputation n'était pas surfaite, et non seulement les indigènes des Beni Menasser, du côté de Miliana, se soulevèrent, mais encore ils eurent assez d'influence sur les tribus de Larhat, Gouraya, Aghbal et autres pour les entraîner dans leur mouvement de révolte.

A la suite de ces événements, le séquestre fut apposé sur les biens des indigènes de ces tribus. Trois périmètres d'un seul tenant furent prélevés sur les territoires des rebelles et affectés depuis à la création des trois villages, aujourd'hui en voie de prospérité et dont il a été question au chapitre : Colonisation.

Nous aurons dans des chapitres suivants : « Notice historique sur chacun des huit douars de la commune mixte de Gouraya » l'occasion de revenir avec plus de détails sur la conduite des indigènes de chaque douar de la commune pendant l'insurrection de 1871.

La sécurité.

La constitution de la commune mixte en 1876 et ses agrandissements successifs que nous avons relatés dans le chapitre Ier de cette étude se sont accomplis sans difficultés.

Les populations ont changé et sont arrivées jusqu'à ce jour sans avoir manifesté aucun sentiment d'hostilité vis-à-vis des institutions actuelles.

Le calme est revenu et l'on peut dire que la sécurité des biens et des personnes ne laisse rien à désirer dans la commune mixte de Gouraya.

L'installation des trois centres de colonisation à Marceau au cœur même des Beni Menasser, à Gouraya, dans les Gouraya et Aghbal et à Villebourg, dans les Larhat a eu pour résultat d'asseoir, d'une façon sérieuse et solide, notre domination sur ces territoires.

Il serait aujourd'hui beaucoup plus difficile aux populations de la commune mixte, de prendre, comme elles l'ont fait en 1871, l'initiative d'un mouvement insurrectionnel, et de s'organiser pour marcher en armes contre les villes et les villages européens.

La dure leçon qui leur a été infligée, leur désarmement et l'installation de l'élément français sur une notable partie de leur territoire, ont provoqué un changement très marqué dans la situation politique des tribus de la région.

Ces tribus, qui avaient jusque-là vécu éloignées de notre contact, se sont vu obligées de le subir et la perturbation profonde jetée dans leur vie par l'apposition du séquestre, n'a pu que produire un excellent résultat au point de vue de l'expansion de la colonisation.

Quelques indigènes ont bien souffert isolément du préjudice résultant de la dépossession de leurs terres, mais en retour, l'on constate aujourd'hui que les collectivités ont profité largement du nouvel état des choses, avantageuses pour elles, car le développement de la coloni-

MOIS	RÉBELLION envers l'autorité					VOLS divers					ASSASSI-NATS					INCENDIES					COUPS et BLESSURES				
	1891	1892	1893	1894	1895	1891	1892	1893	1894	1895	1891	1892	1893	1894	1895	1891	1892	1893	1894	1895	1891	1892	1893	1894	1895
Janvier.....	»	»	»	»	»	»	4	9	5	»	1	»	»	»	»	»	»	»	»	»	»	»	»	2	»
Février.....	»	»	»	»	»	1	3	18	10	2	»	»	»	»	»	»	»	»	»	»	»	»	»	»	1
Mars.......	»	»	»	»	»	4	5	18	6	2	»	1	1	»	»	1	»	1	»	»	»	»	1	»	»
Avril.......	»	»	1	»	1	4	10	6	7	»	»	»	»	»	»	»	»	3	»	»	1	3	»	1	2
Mai........	»	»	»	1	»	2	2	6	9	6	»	»	»	1	1	»	»	»	1	1	3	4	2	3	»
Juin........	»	»	1	»	»	»	4	3	5	1	»	»	»	»	»	1	1	2	»	»	1	»	1	»	»
Juillet......	»	»	»	»	»	2	9	0	6	6	1	»	»	»	»	»	4	1	1	1	»	4	1	3	2
Août........	»	»	»	»	1	3	5	4	9	8	»	»	»	»	»	»	»	»	4	»	»	»	»	2	2
Septembre..	»	»	»	»	»	6	14	4	5	0	»	»	1	»	1	»	1	»	2	2	»	1	»	2	8
Octobre.....	»	»	»	1	»	3	5	10	6	»	»	»	»	»	»	1	»	»	»	»	1	»	»	»	»
Novembre..	»	»	»	»	»	2	7	6	7	»	»	1	»	1	»	»	2	1	»	»	»	2	1	1	»
Décembre ..	»	»	1	»	»	2	16	18	4	»	»	»	»	»	»	»	»	3	»	»	»	»	»	8	1
Totaux..	»	»	3	2	2	20	84	117	70	33	2	2	2	2	2	2	9	10	9	4	6	14	9	16	18

* Une européenne a été égorgée et jetée ensuite dans un puits dans le douar ... ant pris part à ce crime, à la peine de mort, peine commuée ensuite en celle des

sation, l'ouverture des voies de communication, les besoins des populations européennes, ont donné une plus-value à leurs terres, en même temps que leur situation, au point de vue moral et du progrès, a été sensiblement améliorée.

Nous donnons ci-après à titre de document un tableau où sont relevés, d'une manière exacte et avec la plus rigoureuse authenticité, les crimes et délits commis dans la commune mixte pendant le cours des années 1891, 1892, 1893, 1894 et les *trois premiers trimestres* de 1895 :

AVOR-TEMENTS					VIOLS					VIOLATION de domicile					TENTATI-VES d'assassinats					INFANTI-CIDES					RIXES				
1891	1892	1893	1894	1895	1891	1892	1893	1894	1895	1891	1892	1893	1894	1895	1891	1892	1893	1894	1895	1891	1892	1893	1894	1895	1891	1892	1893	1894	1895
»	»	»	1	»	»	»	»	»	»	»	»	»	»	»	»	»	1	»	»	»	»	1	»	»	2	»	2	1	»
»	»	»	»	»	»	»	»	1	»	»	»	»	»	»	»	»	»	1	»	»	»	»	»	»	»	»	»	1	3
»	»	»	»	»	»	»	»	»	»	»	»	»	»	»	»	»	»	»	»	»	»	»	1	»	»	1	»	1	»
»	1	»	»	»	1	»	»	»	»	»	»	»	»	»	»	»	»	»	»	»	»	»	»	»	»	»	1	3	1
»	»	»	»	»	»	1	»	1	»	»	»	»	»	»	»	»	»	3	2	»	»	»	»	»	»	1	1	1	2
»	»	»	»	»	»	1	»	»	2	»	»	»	»	»	»	»	»	1	»	»	»	»	»	»	1	1	2	3	2
»	1	»	»	»	»	1	»	»	1	»	1	»	»	»	»	1	1	»	1	»	»	»	»	»	»	3	2	4	1
»	»	»	»	»	»	»	»	»	1	»	»	»	1	»	1	»	»	1	1	»	2	»	»	»	»	8	3	2	1
»	1	»	»	»	»	»	»	»	1	»	»	»	»	»	2	»	1	»	3	»	»	1	»	»	3	6	1	»	7
»	»	»	»	»	»	»	»	»	»	»	»	»	»	»	1	»	»	»	»	»	»	»	»	»	»	3	8	1	»
»	»	»	»	»	»	»	»	»	»	»	»	»	»	»	»	»	1	1	»	»	»	»	»	»	1	4	2	1	»
»	»	»	»	»	»	»	»	1	»	»	»	»	»	»	»	»	1	»	»	»	»	»	»	»	»	1	5	1	»
»	8	»	1	»	1	3	»	3	5	»	1	»	1	»	4	2	5	6	»	»	2	2	1	»	7	27	22	16	18

amous. La Cour d'Assises d'Alger, a condamné, le 25 Juillet 1894, quatre Indigènes avaux forcés à perpétuité.

Esprit des populations.

Les populations de la commune mixte de Gouraya, d'origine kabyle pour la plus grande part, sont en général, attachées au sol montagneux qu'elles habitent et qu'elles détiennent à titre melk.

Leur langage est le dialecte berbère appelé en Algérie kebaylia et diffère fort peu de celui parlé par les Zouaoua.

La propriété collective n'existe sur aucun point de la commune.

L'attachement que ces populations ont pour leur sol et un goût généralement assez prononcé pour le travail rendent plus facile le rôle que l'élément colonisateur est appelé à remplir vis-à-vis d'elles qui ne sont plus rebelles à tous les progrès.

Aux approches des centres européens principalement, on remarque chez beaucoup d'indigènes des tendences à adopter beaucoup de nos procédés, surtout en ce qui touche la culture de la vigne et les arbres fruitiers.

On constate que cette situation née du rapprochement des éléments européens et indigènes, a modifié les relations entre eux. Peu à peu sous l'influence moralisatrice qui procure un certain bien être matériel au journalier comme au fellah, on voit disparaître les préjugés, dont la base repose en grande partie, on le sait, sur la différence des religions.

Il serait peut-être bien osé d'avancer que l'antagonisme des races a disparu, que l'indigène chez lequel nous nous sommes installés et imposés par la force, nous aime sans réserve; cependant l'on peut espérer que l'esprit de la génération actuelle sera tout autre à notre égard et tout différent de celui qui animait les insurgés de 1871.

En résumé l'esprit des populations de la région est

aujourd'hui excellent, et il ne nous est point aussi hostile qu'on pourrait être en droit de le supposer, car peu à peu les populations indigènes, se mêlant à nous, reconnaissent que nos institutions les protégent et ne visent que leur bien-être.

XV. — Sectes mahométanes.

Les rites malékite et hanéfite sont les seuls de la région. La majeure partie des familles indigènes sont malékites. Trois ou quatre seulement dans toute l'étendue de la commune mixte suivent le rite hanéfite.

XVI. — Marabouts.

Les marabouts sont très nombreux dans la commune mixte de Gouraya. Les principaux sont : 1ª Le marabout de Sidi Cheikh, dans le douar Damous, descendant dit-on, de Sidi Cheikh, de Géryville ; 2º le marabout de Sidi Mohammed Aberkan, dans le douar El Gourine, descendant de Sidi Mohammed Aberkan, de Médéah ; 3º Sidi Mohammed Semiane, dans le douar Sidi Simiane, qui a donné son nom au douar Sidi Simiane qui fait partie de l'ancienne tribu des Beni Menasser ; 4º le marabout de Sidi Mohammed ou Mazzouga, dans le douar El Arbâa, qui aurait été un fils de Sidi Ahmed ben Youssef, de Miliana ; 5º le marabout de Sidi Mohammed Akrour, dans le douar Aghbal.

XVII. — Pèlerinages.

Les Miliani viennent chaque année vers le mois de mai ou juin en pèlerinage au marabout vénéré de Sidi Braham El Ghobrini, à Cherchel.

Les indigènes du douar El Arbâa vont tous les ans, à des époques variables, à Miliana, au marabout de Sidi Ahmed ben Youssef.

Grande fête, chaque année, après les moissons au marabout de Sidi Mohamed Aklouche, dans le douar Gouraya. Dans le courant de l'année plusieurs pèlerinages ont lieu à ce marabout.

Dans chaque douar de la commune, on rencontre des marabouts plus ou moins vénérés, où chaque année les indigènes du douar vont en pèlerinage pendant deux jours, le jeudi et le vendredi.

XVIII. — L'Instruction chez les indigènes.

On avait institué en 1885 des cours du soir qui attiraient quelques indigènes adultes dans les écoles de Marceau et de Villebourg. Ces derniers, ne pouvant assister aux classes du jour, puisque les règlements s'opposaient à l'adoption d'enfants arabes dans les écoles mixtes, quant aux sexes.

Cette innovation ne réussit pas et la fréquentation diminuant de jour en jour, on fut obligé de supprimer les cours du soir.

Depuis cette époque, aucune école indigène ne fonctionne dans la commune mixte de Gouraya et les indigènes ne demandent pas le moins du monde des créations de ce genre.

Dans quelques rares villages, les habitants, mais surtout les kabyles, qui vivent agglomérés, se cotisent pour payer un taleb plus ou moins lettré qui enseigne à lire et à écrire l'arabe aux enfants. Cet enseignement est tellement défectueux que très peu d'élèves parviennent à lire et à écrire au bout de plusieurs années de fréquentation de ces semblants d'écoles.

NOMS DES DOUARS	Nombre de bœufs	Produit — Taxe : 3 fr.	Nombre de moutons	Produit — Taxe : 0 fr. 20	Nombre de chèvres	Produit — Taxe : 0 fr. 25
Zatima	47	141 »	52	10 40	1.007	476 75
El Arbâa	467	1.401 »	242	48 40	5.388	1.347 »
Damous	146	438 »	288	57 60	2.089	522 25
Beni Milouk.........	208	624 »	718	143 60	3.108	777 »
Aghbal..............	257	771 »	496	99 20	2.291	572 75
Larhat	393	1.179 »	839	167 80	2.276	569 »
El Gourine..........	2.075	6.225 »	3.114	622 80	10 231	2.557 75
Sidi Simiane	1.531	4.593 »	1.958	391 60	11.117	2.779 25
Totaux........	5.124	15.372 »	7.707	1.541 40	38.407	9.601 75

financière

LA

DE GOURAYA

kat 1894)

CENTIMES ADDITIONNELS			RÉPARTITION DU PRINCIPAL DE L'IMPÔT		
Dépenses communales. Arrêté du 24 janvier 1891 12 %	Assistance, hospitalisation Arrêté du 24 janvier 1891 6 %	Propriété individuelle Loi du 17 décembre 1890 4 %	Chefs collecteurs 1/10e du brut	Budget provisoire 5/10e du net	Trésor 5/10e du net
75 38	37 69	25 12	62 81	282 66	282 66
335 57	167 78	111 86	279 64	1,258 38	1,258 38
122 14	61 07	40 72	101 78	458 04	458 04
185 35	92 68	61 78	154 40	695 07	695 07
173 15	86 58	57 72	144 29	649 33	649 33
229 90	114 95	76 63	191 58	862 11	862 11
1,129 39	564 69	376 46	940 65	4,235 20	4,235 20
931 66	465 83	310 56	776 39	3,493 73	3,493 73
3,182 54	1,591 27	1,060 85	2,651 50	11,934 52	11,934 52

Situation

DE

COMMUNE MIXTE

(Impôt Ach

NOMS DES DOUARS
Zatima..
El Arbâa......................................
Damous..
Beni Milouk..... ....
Aghbal..
Larhat..
El Gourine....................................
Sidi Simiane ....
TOTAUX.....................

ESTIMATION :

Récolte bonne à 6 fr. 60, soit.....................

Récolte assez bonne à 4 fr. 40, soit................

Récolte mauvaise à 2 fr. 20, soit..................

DE GOURAYA

our 1894)

RECOLTE				SUPERFICIE
Bonne	Assez bonne	Mauvaise	Nulle	TOTALE
				Hectares
»	08 »	545 »	90 »	703 »
15 »	205 »	330 »	200 »	750 »
15 »	180 »	400 »	7 »	602 »
35 »	420 »	333 »	12 »	800 »
»	200 »	281 »	25 »	806 »
1 50	291 »	303 50	6 »	604 »
25 »	790 »	935 »	150 »	1.900 »
85 »	900 »	693 »	140 »	1.818 »
170 50	3.054 »	3.822 50	630 »	7.683 »
1.164 90	»	»	»	1.164 fr. 90
»	13.437 60	»	»	13.437 60
»	»	8.409 50	»	8.409 50
	Produit de l'impôt Achour....			23.012 fr. 00

Situation

DE

COMMUNE MIXTE

(Prestations

NOMS DES DOUARS	HOMMES	
	Nombre	Produit
Européens	66	132 »
Zatima	259	518 »
El Arbûa..	632	1.064 »
Damous...	291	582 »
Beni Milouk...	335	670 »
Aghbal...	326	652 »
Larhat	342	684 »
El Gourine..	753	1.506 »
Sidi Simiane	723	1.446 »
PRESTATIONS RURALES (4º journée). -- TOTAUX...	3.627	7.254 »
Pour les prestations vicinales, ces produits doivent être multipliés par 3 et donneront les totaux suivants..	10.881	21.762 »
PRODUIT DES PRESTATIONS VICINALES ET RURALES..	14.508	29.016 »

DE GOURAYA

1894)

BÊTES DE TRAIT		BÊTES DE SOMME		ANES		VOITURES		TOTAL GÉNÉRAL
Nombre	Produit	Nombre	Produit	Nombre	Produit	Nombre	Produit	
29	58 »	2	3 »	25	12 50	3:	48 »	253 50
14 1/2	29 »	7	10 50	38	19 »	»	» »	576 50
87 1/2	175 »	24	36 »	100	50 »	»	» »	1.325 »
39	78 »	42	63 »	66	33 »	«	» »	756 »
101 1/2	203 »	16	24 »	65	32 50	»	» »	929 50
63 1/2	127 »	28	42 »	91	45 50	»	» »	846 50
98	116 »	53	79 50	98	49 »	»	» »	1 008 50
293 1/2	587 »	86	129 »	198	99 »	»	» »	2.321 »
288 1/2	577 »	86	129 »	275	137 50	»	» »	2.289 50
1.015	2.030 »	344	516 »	956	478 »	32	48 »	10.326 »
3.045	6.090 »	1.032	1.548 »	2.868	1.431 »	96	144 »	30.978 »
4.060	8.120 »	1.376	2.064 »	3.824	1.912 »	128	192 »	41.304 »

CHAPITRE V

——◦◦◦——

SÉQUESTRE

———

I. — Historique.

———

Par arrêté de M. le Gouverneur général des 4 et 14 juin et du 14 août 1872, le séquestre collectif a été apposé sur les biens des différentes tribus de la commune mixte de Gouraya, qui avaient pris part à l'insurrection.

D'autres arrêtés gouvernementaux ont prononcé l'apposition du séquestre nominatif sur les biens d'un certain nombre d'indigènes qui avaient pris une part active aux différents événements insurrectionnels.

Par mesure d'un haut intérêt politique, le séquestre collectif fut réduit ensuite au prélèvement du cinquième des biens des indigènes révoltés, biens qu'ils furent, ensuite, admis à racheter.

Dans certaines tribus, notamment dans celles des Beni Menasser Cheraga (El Gourine), Larhat, Gouraya et Aghbal, des conventions de rachat furent établies aux termes desquelles chacune de ces collectivités fit abandon d'un périmètre d'un seul tenant et d'une certaine étendue qui devait servir à l'installation d'un centre européen.

C'est à la suite de ces opérations du séquestre que les créations des centres de Gouraya, Villebourg et Marceau furent décidées en principe par l'autorité militaire.

Après la remise des territoires en question par l'autorité militaire en 1876 et en 1878-1879, l'autorité civile dut continuer les opérations relatives à la liquidation du séquestre. Cette liquidation est depuis longtemps terminée.

Les territoires dont l'État est devenu possesseur à la suite de l'apposition, soit du séquestre collectif, soit du séquestre nominatif, ont été utilisés, pour la plus grande partie, pour les besoins de la colonisation, le surplus reste entre les mains du domaine, pour recevoir par suite la même destination s'il y a lieu.

———◦❖◦———

II. — Notice historique sur la tribu des Beni Menasser.

———

Les deux douars El Gourine et Sidi Simiane formés, ainsi que nous l'avons dit, de l'ancienne tribu des Beni Menasser n'ont été rattachés à la commune mixte de Gouraya que le 31 janvier 1878.

Avant de faire l'historique de chacun de ces douars séparément, nous avons pensé qu'il ne serait pas superflu de faire celui des Beni Menasser avant le sectionnement de cette tribu.

Si l'histoire des Beni Menasser présente une énigme dont, pendant longtemps les investigateurs les plus érudits n'ont pu trouver le mot, on a, dans leur situation actuelle, de précieux indices pour déterminer leur origine.

Placés entre la mer et le Chéliff, bornés à l'Est par les Beni Menade, ces descendants des Senhadja qui jadis possédèrent leurs montagnes, à l'Ouest par les Zatima, venus du Sahara tripolitain, au Sud par les R'Ighas de la grande famille des Haouaras, ils occupaient le pâté montagneux qui était la clef d'une des plus importantes voies de communication entre la mer et le bas Chéliff.

Leur langage est le dialecte berbère appelé en Algérie le kebaylia, et diffère fort peu de celui parlé par les Zouaouas.

Ils vénèrent un grand nombre de marabouts dont aucune tradition ne signale l'origine étrangère.

Seule, la famille des Braknas (Oulad Sidi Berkani), prétend avoir eu son berceau en Orient.

Le nom de Beni Menasser, ne rappelle aucun souvenir; formé d'un participe arabe qui a cette forme, il a à peu près pour sens cette périphrase : « Les fils de celui qui reçoit de Dieu la victoire. »

Ils ne sont cités par aucun des auteurs qui nous ont laissé des documents sur l'histoire des Berbères.

De tout ce qui précède, nous concluons que les Beni Menasser, comme les Zouaouas, sont des autochnones, qu'ils faisaient partie des populations conquises par Abou-Menad Mograoua, et que la liberté leur fut rendue par l'invasion orientale du onzième siècle, qui, pour renverser les dynasties berbères solidement établies, dut faire partout appel à l'insurrection, reconnaître l'indépendance des révoltés et s'en faire des alliés.

Ce nom des Beni Menasser est du type de ceux que prenaient les agrégations qui recouvraient leur indépendance et chez lesquels une domination étrangère de quatre siècles, traversée par deux révolutions religieuses, et par des guerres civiles continuelles, avaient mis à néant et les origines de leur histoire et les souvenirs de la tradition.

Sous le régime turc, les Beni Menasser ont dû être favorisés par le gouvernement de la Régence, car nous n'avons rien trouvé qui, à cette époque de l'histoire algérienne, ait apporté des modifications à l'histoire de la propriété.

Il n'en est plus de même après 1830, la puissante famille des Braknas dont l'énorme influence religieuse s'étendait sur tous les membres de la secte politique religieuse de Sidi Abd el Kader ben Djilani, chercha d'abord à se créer vis-à-vis de nous une position indépendante, mais lorsque son chef apprit que, le 22 octobre 1832, El Hadj Abdelkader ben Mahieddin avait été reconnu sultan par les frères de l'Ouest, il se rallia franchement au drapeau du jeune émir, et devint un de ses plus fidèles khalifas. Il abusa de sa position et des forces dont il disposait pour s'approprier une grande partie des terres de ses voisins.

L'entrée du maréchal Valée à Cherchel le 15 mars 1840, fut le premier coup porté à sa nouvelle puissance, et lorsqu'au mois de juin, il vit le gouverneur arriver à Miliana, il comprit qu'il fallait changer de politique, sous peine de voir diminuer ses chances. Mais il était trop tard, l'avidité du khalifa lui avait fait beaucoup d'ennemis, et à la suite des opérations de 1843, les Beni Menasser furent dépouillés des terres dont ils s'étaient emparés par la force et les biens de leurs chefs furent séquestrés.

Les Braknas avaient, au temps de leur puissance, acquis par tous les moyens une très grande quantité des meilleures terres de la tribu, et un grand nombre d'indigènes n'étaient plus que leurs fermiers ou leurs vassaux. Par suite du séquestre, le domaine de l'État devint propriétaire, à la place des Braknas, et les Beni Menasser perdirent leurs droits à la propriété de ces terres qui formaient une grande partie de leur territoire et qui avaient été enlevées injustement à beaucoup d'entre eux.

Après leur soumission, les Beni Menasser reprirent paisiblement leurs travaux et rien ne fut changé chez eux, à la situation de la propriété.

III. — Notice historique sur la tribu d'El Gourine.

Le douar El Gourine est limité au nord par la commune de Cherchel et le douar Sidi Simiane, à l'est par la commune de Cherchel et la commune mixte de Hammam R'Igha, au sud par cette même commune mixte, et à l'ouest par le douar Sidi Simiane.

Le douar El Gourine est beaucoup moins montagneux et bien moins accidenté que les douars de la partie ouest de la commune.

Sa superficie est de 16,751 hectares et sa population s'élève à 5,125 habitants.

Bien qu'aucun des auteurs qui nous ont laissé des documents sur l'histoire des Berbères n'ait cité les Beni Menasser, nous sommes portés à croire qu'ainsi que leurs voisins, les indigènes du douar El Gourine descendent des Berbères.

La tribu d'El Gourine est administrativement divisée en quatre fractions, savoir : Beni Abdallah, Tidaf, Beni bou Salah et Oulad el Arbi.

On remarque que, de même que dans les autres tribus, les villages sont bâtis à flancs de coteaux et par petites agglomérations, les maisons construites en pisé et généralement couvertes en terrasses à la façon kabyle.

Les indigènes du douar El Gourine, s'adonnent, dans les plaines, à la culture des céréales ; on rencontre de nombreux petits jardins destinés à la culture industrielle à laquelle les habitants se livrent particulièrement.

On ne trouve pas ou presque pas d'oliviers dans le douar, peu de chênes églantiers dont le fruit sert à l'alimentation des indigènes de la tribu.

Le nom d'El Gourine que porte le douar lui a été
donné à cause de la montagne la plus élevée qui, à ses
deux extrémités, forme un pic, une dent ou une corne.
En effet, El Gourine est le duel de El Guern, la Corne,
et se traduit littéralement par « les deux cornes ».

Cette étymologie est la seule admise dans la tribu et
les indigènes n'en connaissent pas d'autres.

Du reste, aucune légende, comme il en existe dans
beaucoup d'autres douars, n'est connue des habitants les
plus âgés que nous avons consultés à ce sujet.

Avant l'occupation française les El Gourine dépen-
daient, ainsi que leurs frères les Sidi Simiane, des Turcs
à qui ils payaient l'impôt.

Les indigènes de ce douar ont toujours eu la réputation de gens très belliqueux, ils l'ont prouvé lorsque a
éclaté l'insurrection de 1871.

Avec leurs voisins les Sidi Simiane, ils donnèrent
énergiquement le signal de la révolte, dans la partie
ouest du département d'Alger. Ils attaquèrent Zurich dès
les premiers jours et ensuite plusieurs autres fois. Ce
furent eux qui interceptèrent les communications entre
Marengo et Cherchel du 14 juillet au 2 août 1871, ils
assistèrent à tous les combats livrés par la garnison de
cette dernière ville, soit autour de la place soit dans ses
sorties pour ravitailler Zurich, et n'abandonnèrent leur
territoire qu'à l'approche de nos colonnes et seulement
lorsqu'ils virent qu'ils n'étaient en nombre et en forces
suffisantes pour nous résister.

Ils furent les auteurs de plusieurs assassinats commis
sur des européens, du pillage des fermes et des récoltes
des environs de Cherchel, dont plusieurs furent impi-
toyablement incendiées.

Un arrêté de M. le Gouverneur général du 4 juin 1872
(B. O. nº 432), apposa le séquestre collectif sur les territoires des indigènes de la tribu El Gourine.

A partir de ce moment ils sont toujours restés dans le calme le plus parfait et n'ont donné lieu à aucune répression. Le douar El Gourine fait partie de la commune mixte de Gouraya, depuis le 31 janvier 1878, époque du rattachement à cette commune de l'ancienne tribu des Beni Menasser.

IV. — Notice historique sur la tribu de Sidi Simiane.

La tribu de Sidi Simiane est limitée au nord par la mer, le périmètre de colonisation de Fontaine-du-Génie et par la commune de Cherchel, à l'ouest par le douar El Gourine, au sud par la commune mixte de Braz, et à l'ouest par le douar El Arbâa et la commune de Gouraya (P. E.).

Le pays est beaucoup moins montagneux que dans la partie ouest de la commune, et l'on y rencontre beaucoup plus de plaines ou plateaux.

La superficie de cette tribu est de 16,196 hectares et le chiffre de sa population s'élève à 5,680 habitants qui, comme leurs frères d'El Gourine sont d'origine berbère.

Les fractions qui divisent administrativement la tribu sont au nombre de quatre, savoir : Taourira, Mazer, Beni Habiba et Haïouna.

Les villages sont généralement placés sur des hauteurs, et là encore on retrouve le mode de constructions kabyles, maisons en pisé et recouvertes en terrasses. De nombreux petits jardins où les habitants se livrent à la culture industrielle entourent ces villages.

Sur les plateaux et dans les plaines, les indigènes du douar cultivent les céréales; c'est là leur principale ressource.

On remarque peu d'oliviers, quelques chênes églantiers sont parsemés, un certain nombre d'indigènes en récoltent les fruits qui servent à leur alimentation.

C'est un grand marabout très vénéré dans toute la région, Sidi Mohammed Semiane, qui a donné son nom à la tribu. L'influence considérable du vivant de ce marabout lui a valu, après sa mort, la vénération dont son nom est entouré. Les indigènes de la région viennent chaque année en pèlerinage sur son tombeau. On ne peut donc chercher nulle autre part l'origine du nom de cette tribu, et les indigènes, en donnant ce nom à leur douar, ont voulu perpétuer dans le souvenir des générations futures la mémoire du grand marabout.

Avant l'occupation française, les Sidi Simiane étaient soumis à l'autorité des Turcs à qui ils payaient l'impôt.

Leur caractère essentiellement belliqueux et leur instinct d'indépendance se sont affirmés lorsque l'insurrection de 1871, en se propageant, éclata dans la région de Cherchel.

Avec les Beni Menasser Cheragha (El Gourine) ils furent les instigateurs de la révolte. Ils attaquèrent Novi à plusieurs reprises, bloquèrent Cherchel pendant trois semaines et prirent une part active et acharnée à tous les différents combats livrés par la garnison de cette place.

Enfin ils assassinèrent plusieurs colons et mirent à sac les propriétés européennes de la région, dont plusieurs ont été incendiées entre autre la ferme Brincourt.

Ils n'abandonnèrent leur territoire qu'à l'approche de nos colonnes.

Le séquestre collectif fut apposé sur les biens des indigènes de la tribu de Sidi Simiane, par arrêté de M. le Gouverneur général en date du 14 août 1872 (B. O. n° 435).

Une pacification complète et un calme absolu n'ont cessé de régner depuis cette époque dans cette tribu autrefois une des us turbulentes avec celle d'El Gourine.

Le douar Sidi Simiane fait partie de la commune mixte de Gouraya, depuis le rattachement à cette commune de l'ancienne tribu des Beni Menasser, c'est-à-dire depuis le 31 janvier 1878.

V. — Notice historique sur la tribu des Larhat.

La tribu des Larhat est limitée au nord par la mer, à l'ouest par le douar Damous, à l'est par la commune de plein exercice de Gouraya, et au sud par le douar Aghbal.

C'est un pays montagneux et très accidenté. Sa superficie qui est de 5,040 hectares est habitée par une population de 2,232 habitants d'origine berbère.

Les indigènes des Larhat sont divisés en quatre fractions, savoir : Bou Khelidja, Beni Ouarkchen, El Keria et Tarriste. Comme en Kabylie, les villages construits en mortier et couverts en terrasses, sont généralement placés sur des pics, d'où ils dominent la vallée où sont situés leurs jardins et leurs terres de culture.

Les Larhat font peu de cultures de céréales. Ils s'adonnent principalement à la culture industrielle (lentilles, petits pois, fèves, etc.) et possèdent des jardins où l'on trouve de belles espèces de fruits, tels que : abricots, pêches et amandes. Ces jardins constituent la principale ressource de cette population généralement peu aisée.

Le territoire contient un assez grand nombre de chênes églantiers dont les fruits sont employés à la nourriture des habitants, et aussi des oliviers dont le produit est vendu aux usines européennes de la région.

La légende veut que ce soit le marabout Si Ahmed ben Youssef, de Millana, qui ait doté les gens de Larhat des nombreuses espèces de fruits que l'on trouve chez eux.

Ce serait même ce personnage religieux qui aurait donné le nom à la tribu, en demandant à Dieu pour elle « toutes les espèces » (Er Rat), a eu en effet cette signification.

Au point de vue historique, nos recherches n'ont relevé aucun point historique ni important. Les Larhat prétendent descendre des Maures d'Andalousie. Dans ses voyages en Barbarie, Schaw dit en effet qu'à environ deux lieues de l'oued Damous existait une station romaine du nom de Bresk qui a été habitée en dernier lieu par les Maures d'Andalousie, lesquels se répandant dans le pays ont pu former la tribu dont nous nous occupons.

Avant l'occupation française les Larhat étaient soumis aux autorités de Cherchel auxquelles ils payaient les impôts. Leur origine est commune avec les Damous, Beni Mileuk et Gouraya dont ils étaient les alliés, mais ils étaient en hostilité avec les Beni Haoua, les Aghbal et les Zatima.

Ils ont toujours eu la réputation de gens belliqueux, et de fait en 1870, ils furent les premiers à se joindre aux insurgés. Réunis aux Damous, ils pillèrent l'usine Piéguet, et tentèrent sans succès, d'assassiner les européens de cet établissement et leur caïd qui voulait les protéger. Ils coupèrent ensuite le fil télégraphique reliant Cherchel à Ténès et vinrent se joindre aux Beni Menasser qui procédaient au pillage des fermes des environs de Cherchel.

Ce sont les Larhat qui blessèrent un de nos vaillants officiers, le lieutenant Porte-Neuve, du 1er zouaves. A l'approche de nos colonnes, les Larhat se réfugièrent hors de leur territoire et ne revinrent qu'après la pacification complète.

Un arrêté de M. le Gouverneur général en date du 14 juin 1872 (B. O. n° 432) apposa le séquestre sur les biens des Larhat.

Depuis cette époque cette tribu n'a cessé d'être tranquille. Le centre de Villebourg a été créé au moyen d'un prélèvement de 1.500 hectares sur la fraction d'El Keria qui borde la mer.

Les Larhat font partie de la commune mixte de Gouraya depuis 1876, ils faisaient précédemment partie du cercle de Cherchel.

VI. — Notice historique sur la tribu des Zatima.

La tribu des Zatima est limitée au nord par le douar de Larhat, à l'est par le douar Aghbal, à l'ouest par le douar Damous, et au sud par les Beni Milcuk et la commune mixte des Braz. Comme généralement tous les douars de cette région, le douar Zatima est montagneux et très accidenté. Sa superficie est de 5.100 hectares et est habitée par une population de 2,353 habitants d'origine berbère

Les indigènes des Zatima sont divisés en quatre fractions, savoir : Tazerout, Beni bou Hannou, Ouled Aïssa ou Braham, et Ighil-Yer.

Les villages sont généralement situés sur des flancs de coteaux; les maisons construites en pisé et couvertes de terrasses comme en Kabylie offrent un aspect assez original.

Une ouverture est ménagée au milieu et est destinée à servir de cheminée en même temps qu'à donner du jour dans la cour intérieure de la maison.

Les Zatima s'adonnent très peu à la culture des céréales; la vigne et l'olivier, ainsi que les cultures industrielles forment leurs principales ressources. Dans les nombreux jardins, les indigènes cultivent spécialement les oignons, les figues, les fèves, les melons et les pastèques.

Les chênes-églantiers, dont les fruits servent à l'alimentation des habitants sont en assez grand nombre dans le douar Zatima. On y rencontre aussi beaucoup d'oliviers dont les indigènes vendent les produits aux colons de la région.

La mémoire du marabout Si Hamed ben Youssef, de Miliana, est en très grande vénération dans toute la région et son influence y joue un rôle important.

Comme pour le douar Larhat, la légende veut que ce soit lui qui, voyageant dans le pays ait doté le pays d'huile et d'eau. Le nom de la tribu viendrait des mots arabes *zil ou ma*, huile et eau, Zitouma et par corruption peut-être, Zatima.

Les Zatima croient, et tout justifie cette croyance descendre des Berbères.

Avant l'occupation française, sous la domination turque, les Zatima, comme leurs voisins, les Beni Milouk, formaient deux petites républiques indépendantes, ennemies néanmoins et ne relevant que de leur djemaa.

Ce fut ensuite à Si Mohamed ben Aïssa de la famille des Brakna, lieutenant de l'émir Abd el Kader, habitant à Médéah, que les Zatima payaient l'impôt en nature. Si Mohammed ben Aïssa était un homme cruel et barbare, et les Zatima eurent beaucoup à souffrir de son autorité.

Les Zatima furent constamment en querelle avec leurs voisins les Beni Milouk. Une querelle privée amenait souvent un choc terrible entre les deux tribus.

Leur caractère belliqueux s'est souvent manifesté contre nous lors de l'insurrection de 1870. Sur l'instigation du caïd Ahmed ben Djelloul, les Zatima au moment de l'effervescence générale se préparèrent à la guerre, ils fabriquèrent de la poudre en très grande quantité, en vendirent aux autres tribus révoltées, se munirent d'armes et marchèrent sous la conduite de Si Moussa ben

Toumi, ancien caïd des Beni Menasser, avec les indigènes des Beni Ferah (El Arbâa) jusqu'à la limite du douar Sidi Simiane. Arrivés là ils apprirent la mort du caïd Malek, d'El Gourine, qui venait de se faire tuer à Tidaf. Cette nouvelle et l'approche d'une colonne française venant de Miliana les démoralisèrent complètement et ils entrèrent dans leur douar, après avoir pris une part active au combat d'El Anacer, livré à la colonne de Miliana et s'être joints aux Beni Menasser dans les affaires contre Novi et Cherchel. (Affaire du marabout de Sidi Yahia).

Un arrêté de M. le Gouverneur général en date du 4 juin 1872 (B. O. nº 434), apposa le séquestre collectif sur les territoires des indigènes de la tribu des Zatima. Ils obtinrent la mainlevée du séquestre en vertu d'un nouvel arrêté gouvernemental en date du 24 avril 1880.

Un certain nombre d'entre eux, qui se trouvaient pendant la durée de l'insurrection dans la plaine du Chéliff, et qui furent signalés comme n'y ayant pas pris part, ne tombèrent pas sous l'application des dispositions de l'article 1er de l'arrêté du 31 mars 1871.

Depuis cette époque, les indigènes du douar Zatima ont toujours été pacifiques; ce douar fait partie de la commune mixte de Gouraya, depuis la création de cette commune, c'est-à-dire depuis le 27 avril 1876.

----•)o(•----

VII. — Notice historique sur la tribu d'Aghbal.

La tribu des Aghbal est limitée au nord par la commune de Gouraya, plein exercice, et par le douar Larhat, à l'est par la tribu des Gouraya, au sud par les tribus d'El Arbâa et Zatima, et à l'ouest par les Larhat.

Comme dans toute cette région, le pays est très montagneux et très accidenté.

Sa superficie est de 4,025 hectares et comprend une population de 1,998 habitants d'origine berbère.

Cette tribu est divisée en quatre fractions, savoir : Soulaya, Beni Bakhti, Beni Nador, et Bel afia.

De même que dans les tribus avoisinantes, les maisons sont construites en mortier et couvertes en terrasses.

Les indigènes des Aghbal n'habitent pas le village proprement dit, chaque famille vit sur sa propriété.

Cependant un petit village s'est formé autour du marabout de Sidi Mohammed Akhrour, situé dans la fraction de Soulaya.

Les indigènes des Aghbal se livrent très peu à la culture des céréales, ils s'adonnent principalement à la culture industrielle, ils possèdent des jardins, et l'on trouve chez eux tous les fruits du pays en général.

L'olivier que l'on rencontre en grand nombre chez eux, constitue leur principale ressource. Le produit annuel est vendu à un industriel européen qui a installé une usine à huile dans la tribu même, à Bou Ische, à défaut sur le marché de Gouraya.

On trouve aussi dans le douar Aghbal beaucoup de chênes-églantiers dont le fruit sert à l'alimentation des habitants.

Au point de vue historique, nos recherches ne nous ont permis de relever aucun fait important.

D'après la légende, des gens portant le nom d'Abdellaïne seraient venus s'installer dans le pays. Étant en très petit nombre, ils se trouvèrent bientôt à la merci de leurs voisins qui, tour à tour, venaient les rançonner. Voyant qu'ils ne pouvaient se défendre contre leurs voisins, ils se rendirent auprès de Si Mohammed Akhrour, grand marabout, très vénéré dans la région, pour lui demander son assistance et le prier d'augmenter leur nombre.

Le marabout monta alors sur le sommet de la montagne, et agitant son burnous successivement vers les quatre points cardinaux, il s'écria : « Gens du Nord, de l'Est, de l'Ouest et du Sud, apprenez que tous ceux qui viendront ici, seront les maîtres de la terre qu'ils auront travaillée ». C'est ainsi que se forma la tribu des Aghbal.

Quant au nom d'Aghbal il ne viendrait pas seulement de celui de la montagne ainsi dénommée et qui traverse une partie du douar, mais aussi de la légende suivante :

Les Turcs étaient venus réclamer l'impôt, les gens de la tribu répondirent : « Nous allons interroger la montagne et si l'écho répond, nous payerons ». L'écho n'ayant pas répondu, ils refusèrent de payer.

Aussi, dans le pays, est-il coutume de dire lorsqu'un débiteur refuse de reconnaître la dette : tu fais comme Aghbal, tu refuses de répondre.

Comme leurs voisins, les Aghbal, avant l'occupation française étaient soumis aux autorités de Cherchel. D'un caractère assez belliqueux, ils prirent part à toutes les guerres de tribus, se mettant tantôt d'un côté, tantôt de l'autre, suivant que leurs intérêts l'exigeaient.

En 1870, leur caïd Si Saïd Ghobrini, s'étant enfermé dans Cherchel avec les Français, ils se soulevèrent sur l'instigation des caïds des Zatima et des Beni Zioui (Damous) et marchèrent contre nous, sous la conduite de leur khalifa Mohammed ben Moussa.

Dès les premiers jours de l'insurrection, ils se joignirent en grand nombre aux Gouraya et aux Beni Menasser, pour prendre part avec eux aux différents combats qui eurent lieu aux environs de Cherchel et pour piller les établissements.

Ils allèrent jusque dans le douar El Gourine, et là, apprenant la mort du caïd Malek, chef de l'insurrection et l'arrivée de la colonne française, ils rentrèrent immédiatement chez eux.

Un arrêté de M. le Gouverneur général du 4 juin 1872
(B. O. n° 432), apposa le séquestre sur les biens des
Aghbal.

Depuis cette époque, cette tribu n'a cessé de rester
dans l'ordre et d'être des plus pacifiques.

Elle fait partie de la commune mixte de Gouraya depuis
le 27 avril 1876, date de la création de cette commune,
dépendant, avant cette date, de la commune indigène de
Cherchel.

VIII. — Notice historique sur la tribu de Damous.

Le douar Damous est limité au nord par la mer, à
l'est par l'oued Damous et la commune mixte de Ténès, à
l'ouest par les douars Larhat et Zatima, et au sud par le
douar Beni Milouk.

De même que les douars qui lui sont limitrophes, le
douar Damous est très montagneux. Sa superficie est de
6,745 hectares, 1,709 habitants d'origine berbère peu-
plent ce douar.

Quatre fractions divisent administrativement le territoire de cette tribu, savoir : les Beni Hatita, Roff, Rigou
et Ighil Ouzerou.

Ces quatre villages sont bâtis à flancs de coteaux, et,
de même que dans les douars avoisinants, les maisons
sont construites en mortier et couvertes en terrasses.

Les indigènes du douar Damous ne se livrent pour
ainsi dire pas à la culture des céréales. Ils s'adonnent
principalement à la culture industrielle dans les jardins
qu'ils ont installés autour de leur village.

On trouve dans le douar Damous beaucoup de chênes-
églantiers, dont le produit est employé, en majeure partie, à la consommation des habitants. Sur certains points

on rencontre quelques oliviers dont les fruits sont vendus aux usines des douars Beni Mileuk, Aghbal et aussi à Gouraya.

Le nom de Damous, qui en arabe est traduit généralement par « caverne » et qui a été donné à ce douar, a une toute autre signification, si l'on s'en rapporte à une légende qui a cours dans la tribu et qu'elle conserve précieusement. Voici cette légende : A une époque des plus reculées, vivait dans le pays un berbère, renommé par sa force et sa bravoure. Il s'appelait Moussa. Il avait reçu le surnom de Dada, qui en berbère, formule une marque de respect, et nombreux sont les faits qui constituent l'histoire de Dada Moussa.

Vivant sur le bord de la rivière, il lui donna son nom.

Dada fut transformé en Da par la jonction des deux consonne, et Moussa par abréviation devint Mous. De là le nom de Damous que porte actuellement cette tribu, et qui rappelle aux indigènes une légende berbère très en honneur dans le pays.

Comme leurs voisins, les Damous descendent directement des berbères.

Les habitants de cette tribu, formaient avant l'occupation française une sorte de petite république indépendante. Leurs relations avec les tribus voisines n'ont pas toujours été des plus amicales, et ils eurent plus d'un choc à soutenir avec elles.

Lors de l'insurrection de 1871, les indigènes du douar Damous fabriquèrent de la poudre en assez grande quantité et en approvisionnèrent largement les insurgés. Ils prirent une part active au pillage de l'usine Piéguet, avec les Larhat et coopérèrent avec eux à la tentative, infructueuse, d'assassiner les européens et le caïd des Larhat.

Ils brisèrent les portes du bordj de l'Oued Damous où se trouvaient enfermés des fusils enlevés aux Larhat insurgés par l'agha Si Brahim El Ghobrini et rendirent ces armes aux révoltés.

Ils se portèrent enfin en masse, sous la conduite du khalifa Mohammed ben Moussa, au-devant de la colonne de Cherchel jusqu'à l'oued Messelmoun, quittant ainsi leur douar pour nous attaquer, mais ne se sentant pas en nombre suffisant pour résister à nos armes, ils rentrèrent dans leur douar.

Un arrêté de M. le Gouverneur général en date du 4 juin 1872 (B. O. nᵒ 434), apposa le séquestre collectif sur les biens des indigènes du douar Damous. Ce douar portait à cette époque le nom de Beni Zioui.

A partir de ce moment les Damous n'ont plus fait parler d'eux et sont demeurés dans le calme le plus absolu.

Cette tribu qui provenait de la commune indigène de Cherchel, fait partie de la commune mixte de Gouraya, depuis la création, c'est-à-dire depuis le 27 avril 1876.

IX. — Notice historique sur la tribu d'El Arbâa (Beni Ferah).

Le douar El Arbâa est limité au nord par la commune de Gouraya, plein exercice, et par le douar Aghbal, à l'est par le douar Sidi Simiane, au sud par la commune mixte de Braz, et à l'ouest par le douar Zatima. Les Beni Ferah n'ont qu'une petite bande de terre dans la plaine; tout le reste de leur pays étant très accidenté et couvert en majeure partie de broussailles et forêts; la culture des céréales y est fort restreinte, on ne trouve que quelques parcelles dans le creux de certaines vallées, par exemple celle de l'oued Tazerout sur le versant nord.

Le douar El-Arbâa couvre une superficie de 16,500 hectares, pour une population de 3,802 habitants.

Les populations des Beni Ferah se donnent le nom de Zenata, et appellent zenatia, la langue qu'elles parlent habituellement entre elles, ce qui nous porte à croire qu'elles sont une branche de la grande famille berbère qui porte encore le même nom. Elles furent sans doute refoulées lors des invasions arabes, ou pendant les guerres intestines qui précédèrent l'arrivée des Turcs dans le nord de l'Afrique, et obligées de s'abriter dans les montagnes escarpées qu'elles habitent aujourd'hui.

Les indigènes des Beni Ferah sont divisés administrativement en six fractions, savoir : Souhalia, Haïouna, Himda, Beni Berri, Mesker et Beni bou Aïche.

Les Beni Ferah habitent des gourbis construits dans de bonnes conditions avec des perches et en pisé. Les maisons couvertes en tuiles sont rares. Les habitations sont généralement disséminées. Les grandes agglomérations ne s'y rencontrent pas fréquemment. Les villages les plus importants sont les Beni Berri et les Beni bou Aïche.

La culture industrielle du douar El Arbâa se développe sur une étendue de 250 hectares environ. Les vergers occupent une surface approximative de 3 ,0 hectares dans la partie nord et 100 hectares dans la partie sud.

Ils sont généralement composés de figuiers dont on peut évaluer le nombre à 30,000. Les Beni Ferah possèdent quelques hectares de vignes, de 12 à 15 environ. Ajoutons à ces produits du sol ceux fournis par les oliviers qu'on rencontre sur certaines parties du territoire et dont le nombre est de 5,000 environ.

Les kabyles des Beni Ferah vendent généralement les produits qu'ils en retirent sur les marchés qu'ils fréquentent. Ils ne fabriquent de l'huile que pour leur consommation. Ils tirent encore une ressource importante des chênes ballotes ou à glands doux qui sont disséminés dans les parties boisées, dans lesquelles ils défrichent journellement pour mieux les entretenir et pour faciliter la cueillette.

Les Beni Ferah se nourrissent surtout de glands doux; ils récoltent aussi des figues en grand nombre et des raisins qu'ils vendent frais sur les marchés de Duperré et de Cherchel.

Le nom des Beni Ferah n'est cité nulle part, dans les auteurs anciens, soit parce que cette appellation n'est pas ancienne, soit que les indigènes qu'elle désigne aient toujours joué un rôle secondaire dans les événements qui se sont accomplis autour d'eux.

L'origine des Beni Ferah est très incertaine et leur histoire présente une énigme dont les instigateurs les plus érudits, n'ont pu jusqu'à présent trouver le mot.

Ils n'ont aucune tradition ou légende et ne connaissent rien de leur histoire. Les anciens de la tribu disent cependant, que le nom de Beni Ferah leur vient d'un serviteur d'Ahmed ben Youssef, l'une des plus grandes célébrités maraboutiques du Maghreb, mort en l'an 931 de l'hégire (1524-1525 de J.-C.).

Les Beni Ferah subissent l'influence religieuse des Oulad Sidi Ahmed ben Youssef, marabouts très vénérés que l'on trouve dans tout l'ouest de l'Algérie et jusque dans le Maroc.

Sidi Ahmed ben Youssef a son tombeau à Miliana. Il est visité chaque année par les Beni Ferah qui s'y rendent en grande pompe.

A notre arrivée dans le pays, ils nous combattirent de concert avec les Beni Menasser jusqu'en 1843, et se soumirent avec eux à cette époque. Mais vers la fin de cette année, Abd-el-Kader étant revenu en forces dans les montagnes qui bordent le Chéliff au nord-ouest de Miliana, les Beni Ferah furent les premiers à se joindre à lui; ils lui livrèrent même leur vieux caïd Mokhtar qui paya de sa tête son dévouement à notre cause.

En 1844, après de nombreux et glorieux combats du maréchal Bugeaud, du général Changarnier et du colonel Saint-Arnaud les Beni Ferah firent leur soumission.

A partir de cette époque, ils ne donnèrent aucun sujet de plainte à l'administration française.

Ils nous aidèrent même à combattre l'insurrection de 1871, qui éclata dans les Beni Menasser le 13 juillet, après la proclamation de la guerre sainte faite à Souk el Hâad, un des marchés les plus importants de la région, et qui eut pour chef Malek el Berkani, petit neveu de l'ancien lieutenant de l'émir Abd-el-Kader, le célèbre Si M'Ahmed ben Aïssa el Berkani, chef de la grande famille des Brakhna.

Les quelques fusils que les Beni Ferah fournirent aux insurgés appartenaient à des dissidents très peu nombreux.

Ce fut en grande partie à l'influence de El Hadj Mohammed ben Bouzian, chef de la famille des Oulad Khelladi que les Beni Ferah restèrent neutres et à la haine et à la rivalité religieuse qu'ils entretenaient vis-à-vis des Brakhna et des Ghobrini de Cherchel, qu'ils ne se révoltèrent pas en masse, et ne prirent pas part aux combats qui furent livrés contre nous.

La tribu des Beni Ferah fait partie de la commune mixte de Gouraya depuis le 10 février 1879, date à laquelle elle fut remise à l'administration civile par l'autorité militaire.

X. — Notice historique sur la tribu des Beni Mileuk.

La tribu des Beni Mileuk est limitée au nord par les douars Damous et Zatima, à l'est par la commune mixte des Braz, au sud par la commune de plein exercice de Carnot, et à l'ouest par la commune mixte de Ténès.

Le territoire est essentiellement montagneux, à l'exception de quelques petits plateaux sans importance, et d'une étroite bande de terrain s'étendant entre les Beni Merahba et les Zouggara. La tribu n'est composée que de flancs de montagnes en pentes, généralement très rapides, dominées par de hautes crêtes presque toutes boisées et coupées, de distance en distance, par des ravins encaissés.

Cette conformation accidentée du pays y rend les parcours longs et pénibles.

La tribu des Beni Milouk a une superficie de 6,820 hectares et une population de 2,247 habitants.

Les Beni Milouk sont d'origine berbère, divisés en cinq fractions, savoir : Rezlia, Choulla, Beni bou Hichem, Adouïa et Beni bou Hallou.

Les Beni Milouk ainsi que les tribus environnantes sont d'origine berbère, la langue qu'ils parlent est le kabyle, mais ils comprennent tous l'arabe.

Ils habitent dans des maisons en pierres recouvertes en terre battue. Ces habitations sont généralement réunies en groupes formant des sortes de villages, elles sont presque toujours creusées dans le sol, sur le flanc des montagnes, de façon que le toit ne dépasse pas le niveau supérieur du terrain avec lequel il se confond, et dont on ne peut le distinguer si on la domine; il arrive que l'on passe ainsi tout près d'un de ces villages sans même se douter de leur existence.

La moitié à peu près de l'étendue de la tribu est cultivée, le reste étant occupé par des forêts de chênes verts ou à glands doux, des thuyas, des pins et des broussailles en bouquets répandus un peu partout et principalement sur les sommets des crêtes de lentisques, d'arbousiers et de phyllarias.

Les Beni Milouk sont, en général, très pauvres, la nature ingrate du terrain est peu propice aux céréales, aussi la production en blé, orge ou fèves, n'atteint-elle souvent guère plus de la moitié de la quantité nécessaire à la consommation.

Les indigènes de la tribu pourraient trouver une source d'aisance dans la culture des oliviers, très nombreux dans la région; malheureusement non seulement ces arbres ne sont, de leur part, l'objet d'aucun soin, mais encore la façon déplorable dont se fait la récolte des olives compromet souvent leur existence.

Les principales ressources des Beni Mileuk consistent dans leurs troupeaux, dont ils vendent chaque année une partie pour pourvoir à l'insuffisance des grains, et dans les nombreux chênes à glands doux qui existent sur leur territoire, et qui entrent pour une large part dans leur alimentation.

Les Beni Mileuk n'ont pas d'industries propres, la seule qui soit spéciale au pays, la fabrication de l'huile, est entre les mains d'un européen. Les indigènes en fabriquent aussi eux-mêmes, en petite quantité, mais leur procédé de fabrication est des plus rudimentaires.

Il n'a pu nous être donné aucun renseignement sur la suite des migrations qui ont amené la population actuelle sur le territoire qu'elle occupe. Les Beni Mileuk se considèrent comme ayant de tout temps habité le pays.

Au temps des Turcs, les Beni Mileuk formaient avec les Tacheta et les Zouggara une sorte de ligue qui eut de nombreux conflits armés avec les tribus voisines principalement les Braz, dont faisaient partie les Merahba, les Zatima et les Beni Haoua. Ils vivaient en assez bonne intelligence avec les Beni Zioui (actuellement Damous), ils se soumirent toujours à un petit tribut en nature qui consistait généralement en un demi litre d'huile par maison et qu'ils payaient au bey d'Alger, mais les troupes turques ne s'aventuraient guère dans leurs montagnes. Ils se soumirent plus tard à l'émir Abd-el-Kader et eurent, comme toutes les tribus tenues sous sa domination, beaucoup à souffrir des exactions de celui-ci.

Les anciens de la tribu racontent encore les cruautés de l'émir qui, pour un mot, pour un geste, faisait couper par son bourreau, les bras, les jambes ou la langue de ceux qui lui avaient déplu.

Lors de la conquête française les Beni Milouk fournirent comme du reste, toutes les autres tribus pour lesquelles cet apport était une charge due et régulière, de nombreux contingents à Abd-el-Kader, mais après la défaite de celui-ci ils se soumirent sans autre résistance à nos troupes.

Lorsque les Français, conduits par l'agha Si Mohammed Saïd El Ghobrini, grand-père de Brahim El Ghobrini, dernier agha de Cherchel, pénétrèrent dans le pays, cette prise de possession s'effectua sans obstacle et ne fut qu'une promenade militaire. Il en fut d'ailleurs de même pour toutes les tribus environnantes.

Les Beni Milouk coopérèrent pour une faible part à l'insurrection de 1871. La fraction qui fournit le plus grand nombre d'insurgés fut celle des Beni bou Hallou dont les gens auxquels se joignirent une vingtaine d'indigènes des fractions d'Ighil Messarat, d'Adouïa, de Choulla et de Rezlia, se mêlèrent aux Zatima. Munis quelques-uns d'armes à feu, d'autres de simples bâtons, ils allèrent, de concert, jusqu'au village de Sidi Rilès (Novi), dont ils pillèrent les vignes. Rassasiés de raisins et leurs vivres épuisés, ils rentrèrent dans leur douar sans avoir tiré un seul coup de fusil.

Cependant certain nombre d'entre eux prirent une part active au combat d'El Anacer et obligèrent nos colonnes à faires un mouvement tournant pour se décider à faire leur soumission.

C'est à la suite de ces faits que le séquestre fut apposé sur les biens de 49 indigènes des Beni bou Hallou, 5 de Choulla et 4 de Ighil Messarat (B. O. no 430). Arrêté de M. le Gouverneur général du 4 juin 1872.

Le séquestre fut racheté plus tard par portions moyennant le paiement du cinquième de la valeur des terres.

Depuis cette époque, les Beni Milouk n'ont cessé de vivre dans le calme le plus absolu.

L'autorité militaire remit le 10 février 1879 à l'administration civile la tribu des Beni Milouk qui, depuis cette époque, fait partie de la commune mixte de Gouraya.

FIN

TABLE DES MATIÈRES

INTRODUCTION

CHAPITRE PREMIER

Cherchel

pages

I. — Notice historique........................ 7
II. — Notice archéologique............. 13
III. — Limites, superficie, population, sectionnement
actuel de la commune de Cherchel......... 32
IV. — Commerce, industrie, agriculture, marchés... 32
V. — Cultes 34
VI. — Instruction publique 34
VII. — Voies de communications................. 34
VIII. — Cours d'eau 35
IX. — Forêts............................... 35
X. — Mines, carrières 35
XI. — Notice sur l'annexe de Zurich............. 36
XII. — Notice sur l'annexe de Novi.............. 36

CHAPITRE II

Histoire naturelle de la région

I. — Géologie, paléontologie, minéralogie 37
II. — Les plantes, les algues..... 40
III. — Conchyliologie........................ 41
IV. — Relevé météorologique des années 1891, 1892,
1893, 1894 et 1er semestre 1895.......... 45

CHAPITRE III

La commune mixte de Gouraya

pages

I — Notice archéologique.................. 46

II. — Situation topographique, limites, superficie,
population, circonscriptions administrative,
judiciaire et médicale, constitution de la
commune depuis sa création, rattachements
de territoires, sectionnement actuel, tableau
des fractions constituant chacun des douars
de la commune mixte avec indication de la
population de chacunes d'elles............. 49

III. — Colonisation, historique 55

IV. — Notice sur chacun des trois centres de colonisation : Fontaine-du-Génie, Marceau, Villebourg 57

V. — Commerce............................... 61

VI. — Industrie 62

VII. — Agriculture, cultures fourragères, froment,
céréales diverses, l'olivier, les orangers et
citronniers, culture maraîchère, arboriculture, plantes industrielles, viticulture 65

VIII. — Travaux publics 67

IX. — Plantations........................... 69

X. — Pépinière communale, renseignements géné-
raux, services rendus par la pépinière, arbres fruitiers, Améliorations apportées à la
pépinière, champ d'expériences, inventaire
du 31 mai 1895...................... 71

XI. — Cultes............................... 75

XII. — Instruction publique.................. 75

XIII. — Centres à créer : Dupleix, Rezlia, Touarès,
Beni Habiba, observations générales....... 76

CHAPITRE IV

pages

I. — Voies de communications, routes nationales, chemins vicinaux ordinaires, chemins ruraux, tableau général des chemins vicinaux ordinaires, pistes muletières.... 79

II. — Tableaux des distances kilométriques : centres européens, douars............... 87

III. — Transports maritimes.................. 88

IV. — Cours d'eau....................... 90

V. — Forêts, superficie, propriété de l'Etat, de la commune, chemins d'exploitation, exploitations en grand, chênes-liège, essences forestières diverses, bois de construction, bois de chauffage, charbons de bois. 92

VI. — Mines.................................. 98

VII. — Carrières.............................. 99

VIII. — Sources thermales.................... 100

IX. — Hygiène publique, salubrité, service médical............................. 100

X. — Epizooties, service vétérinaire.......... 103

XI. — Criquets et sauterelles, l'invasion de 1893. 103

XII. — Commerce, industrie, agriculture chez les indigènes......................... 112

XIII. — Marchés arabes...................... 113

XIV. — Situation politique, généralités, la sécurité, tableau comparatif, esprit des populations............................. 114

XV. — Sectes mahométanes.................... 119

XVI. — Marabouts........................... 119

XVII. — Pèlerinages.......................... 120

XVIII. — L'instruction chez les indigènes. 120

XIX. — Situation financière de la commune mixte, tableaux de répartition des impôts zekkat, achour, prestations vicinales et rurales 122

CHAPITRE V

Séquestre

		pages
I. — Historique		128
II. — Notice historique sur la tribu des Boni Menasser		129
III. — Notice historique sur la tribu d'El Gourine		132
IV. — — — Sidi Simiane		134
V. — — — Larhat		136
VI. — — — Zatima		138
VII. — — — Aghbal		140
VIII. — — — Damous		143
IX. — — — El Arbâa		145
X. — — — Beni Mileuk		148

FIN DE LA TABLE

NOTA BENE

Les cartes et plans auxquels nous renvoyons le lecteur dans le cours de cet ouvrage, feront l'objet d'une édition spéciale que nous nous proposons de faire paraître incessamment.

F. D.

Blidah. — Imprimerie administrative A. Mauguin.

www.ingramcontent.com/pod-product-compliance
Lightning Source LLC
Chambersburg PA
CBHW052344090426
42739CB00011B/2311